玉の輿にのれなかった崖っぷち女が年収1000万円になった
黄金の大逆転ルール

伊藤宏美・著

すばる舎

はじめに

みなさん、こんにちは。伊藤宏美です。

私は年間で1000人以上の女性に、自立や起業のコンサルティングをしています。またそれ以外にも700人のイベントの実施、コミュニティ育成など多岐にわたって事業を展開しています。

こう聞くとバリバリ働く女性に見えるかもしれませんが、もともとは普通のOLでした。

どこにでもいる普通の家庭に育ち、どこにでもいる普通の女の子。素敵な彼氏を25歳で見つけ、29歳になったら〝お局〟と呼ばれる前に早々と寿退社をし、悠々自適な生活を送る……。

女性なら誰もが叶えたい未来を、私も夢見ていました。

しかし気づいたら30歳となり、付き合っていた彼氏にもフラれ、そこから転げ落ちるかのように崖っぷち人生を歩んでいったのです。


頑張れば頑張るほど空回り。

「いったい自分の何がいけないんだろう」と、自己否定の毎日。


周りが結婚していくことに焦りを感じながらも、30年も生きているとだんだん男性を見る目も肥え妥協もできず。

早々に結婚していった友人に追いつくには、一発逆転ホームランを打つしかない！

そう思って狙ったのは……、

「お金持ちと結婚して玉の輿にのる!!」

人生の目標を普通の結婚から、玉の輿にシフトさせ、ここからさらに勘違い＆崖っぷち人生が始まるのです。

最初に断っておきますが、本書は決して婚活本ではありません。なぜなら私が未だお金持ちと結婚をしていないからです(笑)。

しかしそれ以上に、大きな変化と素晴らしい仲間との出会い、そして新たな夢を叶えることができました。

イタい崖っぷちをさまよっていても、私らしい幸せを手に入れることができました。

それが、

「お金持ちに愛されるより、自分で稼いで年収1000万円」

男性に頼りすぎることなく稼ぎ、会社にも依存することなく独立し、SNSを活用した独自の起業メソッドで多くの女性と知り合い、より良い生き方を支援させてもらっています。この様子はＴＶなどのメディアにも取り上げられました。講座やイベントを開催すると３００人があっという間に集まるなど、全国にお客様や仲間を持つこともできました。

思い出します。
玉の輿を追いかけていたあの日。

白馬の王子様は必ず私のところにやってくる。
そう信じて疑わなかった20代。
しかし現実を突きつけられた30代。

いろんな努力をするも、借金５００万円。白馬の王子様どころか、明日の電車賃はどうやって払うの？　という日々を過ごしたこともありました。

そんな、玉の輿にのりたかった私がどうやって大逆転ホームランを打ち、自分で年収1000万円となったのか？　そのルールをお伝えしているのが本書です。
どこにでもいる普通の女の子が、結婚に必死で向かい、崖っぷちに追い込まれ、それでも幸せになることを目指していたら年収1000万円になった、イタくて笑える人生劇です。

大丈夫、私にもできました♡
玉の輿より、自分で年収1000万円のほうがダンゼン簡単です♡

2019年8月　伊藤宏美

Contents

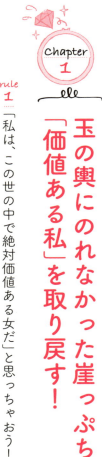

Chapter 2

玉の輿にのれなかった崖っぷち女は、自分を最強のパートナーにして、愛されプリンセスに変わる！

Chapter 3

玉の輿にのれなかった崖っぷち女でも、「賢く可愛いお金持ち」になれた秘密

Chapter 4 玉の輿にのれなかった崖っぷち女は、ファンに愛されて最高の幸せを手にする!

編集プロデュース/渡邉理香
ブックデザイン・イラスト/和全(Studio Wazen)
DTP/有限会社クリィーク

Prologue

お金持ちに幸せにしてもらいたかった！

玉の輿にのれなかった
崖っぷち女の赤裸々人生記

10年間追った〝女優〟の夢を26歳で挫折！

私は10代から、10年間芸能活動をしていました。

誰もが憧れる華やかな世界に私も憧れ、念願叶って芸能界入り。しかしそこで見たものは、下克上の厳しい世界。

毎日オーディションを受けても不採用の連絡ばかり……。

自分には向いていないのかなと思い、だんだん性格もすさんでいき表情も暗く、当然、友達も一人もできることなく暗黒の10～20代を過ごしました。

そんな中、舞台の稽古《けいこ》をしていたとき監督から、

「演技がヘタすぎて見てられない！　舞台から降りろ!!」

聞いたことのない罵声と灰皿が、飛んできたのです。

「私にはやっぱり向いていないんだ……」

大きな敗北感とともに芸能界を去りました。

Prologue

お金持ちに幸せにしてもらいたかった！
〜玉の輿にのれなかった崖っぷち女の赤裸々人生記

借金を抱えたフリーター生活

26歳のときに芸能界を辞め、ここから普通の人生を歩もうと決意した私は、まずは定職に就こうと思い転職活動を始めました。しかし社会人としての常識もなく、毎日毎日届くものは……、

「不合格通知書」

社会人としても適応できなかった私に待ち受けていたものは、〝フリーター生活〟でした。

そして、私には借金がありました。その額200万円。これは、ニキビ痕を治したくて芸能界にいたときに通っていた、高級エステ費のツケだったのです。

涙すら出ない絶望の日々の中で、追い打ちをかける出来事が……。それが500円玉の大きさの「円形脱毛症」です。

「もう誰にも会いたくない！」

「こんな人生が送りたかったんじゃない！」

そんな思いが駆け巡り、いつしかひきこもりになっていきました。

時給数百円、ブラック企業への転職

その後、やっとの思いで人材紹介会社に就職しました。残された借金と、遅れた分の社会人生活を取り戻すかのように誰よりも働きました。

借金返済のため、同僚と優雅にランチへ行くこともできませんでした……。

毎日コンビニで2つのおにぎりを片手に
残業80時間以上を3年間続けました。

この頑張りは、一応報われます。営業の売上トップを獲るのです。「これでもっとお給料が上がって楽な生活ができる!!」と思い、毎月25日のお給料日が待ち遠しかったのですが……。

3年間でアップしたお給料はたった5000円。しかも時給計算すると数百円。

「フリーターのほうがよっぽどいいじゃん!」

〝正社員〟という肩書きに踊らされ、フタをあけてみればフリーター生活と何ら変わりない毎日。他へ転職するほどの能力も時間もなく、ブラック企業にい続けるしか私には選択肢がありませんでした。

給料泥棒! と言われました(泣)

遊ぶ暇もない私に比べ、優雅そうな同世代の女性たちを見ていつも思うことは、

「なんで私ばっかり不幸なんだ！」

「私の何がいけないんだ！」

「こんなに努力してるのに!!」


だんだん怒りがこみあげ、思いきって会社を休もうと有給申請をしたのですが、

「この売上で休むつもりか？　給料泥棒!!」

このとき、ようやく心の中で固く決意しました。

「絶対にこの会社を辞めよう……」

そして退職願を書くことにしたのです。

"社長さん"と結婚しようと決意！

退職願は書いたものの手に職もなく、人に誇れる能力もなかったので、なかなか上司に退職願を渡すことができませんでした。

かつ、ざわざわとしたものが襲ってきました。それが、退職をしたら「またお金がなくなるかも……」という恐怖です。

時給数百円のブラック企業から抜け出すこともできず、かといって副業する時間もなく、八方ふさがりだった私が見つけた唯一の方法が、これです。

「お金持ちと結婚して玉の輿にのろう」

港区のタワーマンション最上階に住んでいて、愛車はポルシェの９１１。仕事はＩＴ系の社長で年収は３０００万円以上！

そんな人と結婚できたら自分が稼がなくても、

「旦那さんに養ってもらいながら、優雅な生活ができる!!」
「芸能界で叶わなかった華やかな世界は、これで叶うぞ!!」

と思い、さっそく婚活をスタートしました。

14万円かけて芦屋でナンパ待ちするも収穫ゼロ

最初にしたことは、〝社長さん〟と言われるお金持ちがどこにいるか、の研究

Prologue

お金持ちに幸せにしてもらいたかった！
〜玉の輿にのれなかった崖っぷち女の赤裸々人生記

です。

「類は友を呼ぶ」

という言葉があるように、お金持ちはお金持ちがいる場所に集まるので、そこに行けばナンパされて、

「お金持ちと結婚できるだろう！」

と思い、高級ホテルのラウンジ、ゴルフ、六本木のバーなど「リッチな場所」に通い続けました。

2年間も行動しましたが思うような結果が出ず、私が最終手段としてとった行動は、

「芦屋でナンパされよう！」

「日本最高峰のお金持ちエリア！　ここに行けば絶対に……」

そう確信し、ここにすべてを賭け、新幹線はグリーン車を予約。洋服は10万円

のワンピース。宿泊は、リッツカールトン大阪近くのホテル！

芦屋エリアを足がヘトヘトになるまでナンパされないか……と歩き続けたものの、収穫はゼロでした……。

さらには、占いにも依存したりして、もう散々な日々を送っていました。

ついに出会った!? 私を幸せにしてくれるお金持ち

努力とはかけ離れた結果に嫌気がさした32歳。

いい加減、くだらない人生を変えようと、ある成功哲学セミナーに行きました。

そしたら、夢にまで見たお金持ちが私の隣に座ったのです！

一目でわかりました。全身アルマーニ!!

隣の席だったので、セミナー中たくさん会話をし、いろんなアピールをしましたが、彼から言われたセリフは〝プロポーズ〟とはまったく無縁の言葉……。

「自立をしなさい」


たった一言のセリフ。

でもこれが、私の人生を変えました。

私は、男性にどっぷり依存することを人生の目的にしていたことに、はじめて気がついたのです。

いったい本当は何がしたかったのか……、自分を見失っていたのです。

男性や会社に雇われる生き方から、対等に生きる人生へ

そこから私は〝真の自立〟に向けて、自己啓発や成功哲学セミナーに通うようになりました。

そうしたら子どもの頃、純粋に夢見た将来の自分像を思い出しました。

「たくさんの人と一緒に笑って仕事をし、みんなで成功したかったんだ!!」

と「内なる声」が聞こえてきたのです。やりたいことが本当に明確になった私は、男性からも会社からも〝雇われる〟生き方を卒業しようと決めたのです。

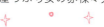

真のお金持ちの生態を研究した黄金の大逆転ルールを発見！

それからは、残業も土日出勤することもやめました。会社を退職するために、バレないようにこっそり副業をして、お給料プラス45万円の月収を得て、今まで働き続けたお給料以上の金額を手にしました。そこから〝雇われ続けた脳みそ〟を変更するために、億万長者に弟子入りして自立思考を手に入れたのです。

それが、

黄金の大逆転ルール！
～美しさ×稼ぐ×引き寄せ～

これを、どんな女性でも簡単に習得できるメソッドとして、世の中に広めようと決意したのです。

年間1000人以上の女性たちに会い、自立をさせる

会社に〝雇われない〟生き方をした私は、多くの女性の仕事や生き方のコンサルティングを行ってきました。

経済的・精神的・人間関係・時間に縛られがちな女性たちを、自由な人生を謳歌できる女性へと変身させてきたのです。

ある女性は、〝黄金の大逆転ルール〟を実践することで、フリーターだった彼氏を社長にまで育成。軽自動車から、今やレクサスを衝動買いできるほどまでに経済状況が飛躍的に伸びました。今では自分の体験を基に、自立した女性を増やすため、セミナールームの運営やビジネスのコンサルティングなど複数の事業を

展開しています。

また別のある女性は、普通の専業主婦として過ごしていましたが、子どもも成長し、これから自分のために時間が使えると思ったのもつかの間。ふと、夫との時間が億劫《おっくう》に感じ、自分の力で生きていきたいと強く思うようになりました。しかし、働きたくても専業主婦しかしたことがなかった彼女は、すがるような思いで私のもとへ相談に来ました。

何も才能がないと思い込んでいた彼女でしたが、よく話を聞いてみると、専業主婦のときに培った収納のスキルと写真を撮ることが得意だったことが判明。これを生かし、インスタグラマー講師として企業や個人の方をコンサルティングする講座を開講。

なんと6ヵ月で月商100万円を達成するほどになったのです！

私もあなたも、この世の中の「当たり前」に踊らされてきただけです。

世の中の「当たり前」に踊らされ、安月給で働くことだけをよしとした教育が染みわたり、〝真の自立〟という生き方、考え方を知らなかっただけです。
しかし……もう真実を知ってしまいましたよね。
勇気さえあれば、自分で、そしてあなたにふさわしい男性にも愛されながら、
未来を切り拓く人生が待っているのです。
こんなダメで〝崖っぷち女〟だった私でも、その道を歩むことができています。
だから、あなたもできます！
さあ、私と一緒に「本当の女の幸せ」を掴みにいきましょう。

Chapter 1

玉の輿にのれなかった
崖っぷち女は、

「価値ある私」を
取り戻す！

rule

1 「私は、この世の中で絶対価値ある女だ」と思っちゃおう！

今でこそ、仕事やプライベートで出会う女性たちに、

「伊藤さんのように素敵に自分らしく生きるためには、どうしたら良いのでしょうか？」

と、聞かれることがあります。

すごく嬉しいのですが、私も最初から自分らしく生きてきたわけではありません。

会社員時代は**「自分らしさを見つける旅」に、ふんわりと、それでいて積極的に！　出ていました!!**

それは、すでにプロローグでも開示してあるとおりです（笑）。

さらに、借金と安月給で買いたい服も買えない、何かいつも我慢している、でも本当はキラキラしたジュエリーに高級ブランドのお洋服を着て、彼は真っ赤なポルシェで迎えに来る未来こそが、自分らしく生きるすべてだと思っていました（もちろんサングラスはシャネルっ）!!

私の頭の中には、「玉の輿＝お金持ちの妻＝自由＝自分らしく生きる」という構図しかなかったのです。

玉の輿を見つけるためには住む場所を変えないと!! と思い、都内でも比較的高級住宅地として名高い世田谷区の用賀というところに、家賃8万円・駅から徒歩15分・1DKに住んで自分らしさを見つける旅を始めました。

しかし……！

待っていたのは、家と会社の往復と満員電車の日々。当然、住む場所を変えたといっても、疲れて帰ってくるので街を優雅に歩く時間はなく、結局行くのは近くのコンビニ。しかも使えるお金は500円以内。高い家賃を払っても現実が何も変わらない毎日に、私はどんどん自己嫌悪に陥っていきました。

「こんなはずじゃなかった！」
「家賃のために働いているんじゃない！」
「私はいったい何がしたかったんだろう……」
「忙しくて、自分らしさが見つからないよ……」

自分をどんどん責めていき、自分らしさや玉の輿を見つけるどころか、**迷宮入り**していったのです。

中身は違うかもしれませんが……、みなさんも一度は経験したことがあるのではないでしょうか？

そう！　毎日しているお化粧と一緒だと思います。どんなに高級な化粧水をつけても、どんなに腕のいいメイクのプロにメイクをしてもらったとしても、自分自身がそれを受け入れる器を持ち合わせていなければ、幸せになるどころか、**自信喪失の未来が待っているの**です。

たまにいませんか？　綺麗にメイクをし高級なお洋服を着ているのに、どことなく自信がなかったり、ムスっとしていたり、何かに忙殺されてバタバタとして心を失っている女性を……。

私たち人間、特に女性には「察する」という能力があります。

「この人、今日元気ないのかな？」「なんかいつもと表情が違うな……」といったように、女性には雰囲気を読み取る力があります。

人の第一印象は外見で決まりますが、「この人と長く一緒にいたい」という気持ちや、「この人を信じたい」などの思いは、間違いなく内面から湧き出るオーラで決まります。

ですので、本当に自分らしく幸せに生きるスタートは、

「私には（この世にいる）価値がある！」

これをまず、心から強く思うことです。

「自分の価値を認める」ことは、どんな自分も受け入れることです。

成功も失敗も幸せも不幸も、**全部愛すべき経験だと思えるようになる**ことから始まるのです。

rule 2

未来が面白いように変わっていく魔法の言葉

私が家賃8万円で、来る日も来る日も玉の輿を狙っていたあの日。

住む場所はハイクラスでも、心と財布は「貧乏」でした。

しかし「私には価値がある!」と信じるようになった瞬間に、いつしか家賃も満員電車も、気にならなくなっていきました。

外見を見繕うこと以上に、どんな私だって幸せだなって、笑い飛ばせるようになっていくことができたのです。

あなたがやることは、とても簡単です。

＊迷ったとき

＊自信を失ったとき
＊上司に怒られたとき
＊好きな人と喧嘩をしたとき

自分を否定したくなったときに……、

「私には価値がある！」この言葉を呪文のように唱えていきましょう。


これだけでいいです。

私も、お金持ちを追いかけていたあの日。

「私には億万長者と結婚する資格がある！」

と呪文のように唱えていました（苦笑）。

朝起きた瞬間から寝る瞬間まで、どんなときでも呪文のように唱えたのです。

30歳目前、女の賞味期限に焦る私には時間がなく、一刻も早くお金持ちと結婚したかったので、呪文では飽き足らずある行動に出ました。

それは部屋中に、

『私には億万長者と結婚する資格がある！』

と書いた紙を貼り付けたのです。

＊起きてすぐ目に入るベッド横の壁
＊顔を洗いながら見られるように洗面台へ
＊洋服を着ながら見られるようにクローゼットの扉にも
＊玄関のドアも

視覚からも意識を変えていこうと思い、ありとあらゆるところに貼りました。

しかし、これには弱点があったのです!!

宅配便が来たときに玄関のドアを開けると……太いサインペンで書かれた、『私には億万長者と結婚する資格がある！』

が、思いっきり見えるのです(涙)！

扉を開けた瞬間にそれを見た宅配便のお兄さんは、そりゃ……ドン引いていました(笑)。

しかも家に友人が来るたびに、部屋に貼った貼り紙をはがすので、これまた相当面倒なのと虚しい気持ちになります。

これでは意味がないと感じ、その貼り紙は捨てました……。

という私の必死な行動をお話ししましたが……。

玉の輿はダメでしたが、結果的にこの言葉を唱え続けたことで、もう一つの夢はちゃんと叶いました。

だから、紙に書こうが頭の中で唱えようが実はどちらでも良く、本当に大切なことは心の底から、

私は生まれたときから、価値がある女だ。

と信じることです。
もう一度言います。
「生きてるだけで絶対的に価値がある女」なのです♡

rule

3

努力しても「全然うまくいかない」は刷り込まれるので注意！

大人になるといろんなことを経験するので、良くも悪くも自分の実力を思い知ることが多々あります。

「こんなに頑張ったのに失敗した……」

「いつも告白してはフラれてしまう……」

「企画したプロジェクトがうまくいかなかった……」

頑張ったけれどうまくいかないことが続くと、自分はなんてダメな人間なんだと決めつけてしまいます。

しかし、今のあなたはあなたが作った〝あなた〟。

あなたが自分の限界を決めた瞬間に、今のあなたが作り出されただけなのです。

でも、人は弱い生き物。
うまくいかないことが続くと、「私って価値がないのかも」と思いがちです。
そのときは必ず『私には価値がある！』と唱えていただきたいのですが……、周りがどんなに励ましても、なかなかその言葉を受け入れられないこともありますよね。

私もとても頑固でした。学生時代に芸能人になりたくてチャレンジしたものの、**オーディションを受けては不合格通知ばかり。30歳目前で彼氏にフラれ、憧れの寿退社が崩壊したりと、努力が裏目に出ていたときは、励ましの言葉も世の中のすべても信じられなくなりました。**

一応、上場企業に勤めていたので、はたから見れば順風満帆に見えたと思いますが、**心は相当やさぐれていました。**

年齢を重ねれば重ねるほど、この**うまくいかなかったという思い込みは刷り込まれます。**

こうした経験と感情を、まるごと書き換えるのはとても大変です。

しかし、次頁からお伝えする**「3つの法則」**を知れば、どんな人でも一瞬で思い込みを変えることができます！

rule 4

女としてもうまくいかない場合に実践したい「3つの法則」

まず一つ目の法則ですが、**「素直さ」を取り入れる**です。

日本人の多くは謙遜の習慣が身についているあまり、「綺麗ですね」「上手にできますね」「能力が高いですね」と褒められても、全力で否定しがちです。

また頑張り屋の女性ほど、「こんな結果ではまだまだ足りない……」と、自分の評価を自分で下げてしまう方がほとんどです。

そこで、簡単に素直さが手に入る方法をお伝えします！

『3秒ルール』です。

褒められて謙遜や否定をしたくなっても、

3秒待つ!!

反射的に言葉を発しそうになっても、

3秒待つ!!

まず3秒待つことで、**反応的な今までの自分から脱却**できます。

2つ目は**「言葉のパワー」を利用する**、です。

いつもの自分なら褒められても、「そんなことないです」「まだ足りません!」など、謙遜したつもりが、実は自分のことを自分で傷つけている状態です……。

そんなときは言葉のパワーを使いましょう。

3秒待ったら次に発する言葉は、

「ありがとうございます!」

これを、ハッキリと言うようにしてください。

例えば、

「今日のお洋服オシャレですね！」

（3秒待つ）

「ありがとうございます！」


「提出してくれた書類が見やすすかったよ！」

（3秒待つ）

「ありがとうございます！」

ね、簡単でしょ♡
もし「ありがとうございます」がなかなか言えないという方は、無理はしなくていいです。
そんな方の対処法は、

「目が大きくて可愛いですね！」

（3秒待つ）

「自分ではそう思っていませんが、ありがとうございます！」

「いつも笑顔が素敵ですね！」

（3秒待つ）

「あまり笑顔が得意ではないのですが、ありがとうございます！」

このように、**否定語で終わらせるのではなく、必ず「ありがとうございます！」を加えて会話を終わらせてください。**

最初のうちは素直に受け入れるって難しいですよね。だから、急に変えなくてもいいです。否定したくなる言葉を無理に止めるのではなく、最後は「ありがとうございます！」で終わらせるだけでも大丈夫です。

最後3つ目は**「付き合う人」を選ぶ**です。

それは……、

あなたをありのまま受け入れ、褒めてくれる人や仲間と一緒にいましょう。

褒めるといっても、お世辞を言い合うのではなく、本心で褒め合い、語り合えることが重要です。そしてあなたと同じように、一生懸命未来を変えようと努力している人や仲間と「時と場所」を共有しましょう。

本で勉強するのも大切ですが、一人でモンモンと家に閉じ込もっても現実は変わりません。あなたを客観的に見て刺激をくれる人や仲間と一緒にいると、新しい自分を発見することができます。

だから、外に出ましょう！　セミナーやコミュニティ活動に参加してみましょう。多くの人に出会う中で自分らしさが見つかり、豊かな生き方にシフトできますよ♡

rule 5

「こんな私なんて……」がすべての幸せを遠ざける

人はいつも脳の中で独り言を発しています。朝起きたときには、

「会社行きたくないな……」

「寒いからもう少し寝ていたいな……」

「洋服は何を着ようかな……」

など、数えきれないくらい独り言を発しています。

顕在意識と潜在意識という言葉を聞いたことはありませんか？

顕在意識とは、私たちが意識的に日常で考えたり発したりしていることです。

逆に潜在意識とは、脳内の独り言のように、無意識に行動していることです。

あなたの日常を思い返してみてください。顕在意識と潜在意識、どちらが多い

ですか？

実は人間の脳は顕在意識が3～10％、潜在意識が90～97％と言われています。

そしてこの潜在意識はかなりやっかい者です。

人は簡単なことや楽なほうに流される傾向があるので、あなたが顕在意識で「頑張ろう！」と思っても、潜在意識が「無理しなくてもいいんじゃないの？」と楽なほうに引き戻します。

なんだか天使と悪魔のささやきみたいですよね。努力しようとしているあなたに、耳元で悪魔が、「家でお菓子でも食べて、のんびりしようよ～」とささやく感じでしょうか（笑）。

つまり私たちは何かにチャレンジをしようとすると、過去の失敗の思い出を引き出して、

天使のあなた：「新しい自分に生まれ変わるぞ！」
悪魔のあなた：「こんな私には無理だ……だって今までうまくいったことがなかったから、今回もうまくいくわけがない！　やっぱりやめた」

天使のあなた：「そんなんでいいの?!　ちゃんとやるって決めたじゃない！」
悪魔のあなた：「そうだよね……そうだよね……でもこんな私だから自信がないかも……」

脳内の独り言が連戦して、いつしか諦める傾向が身についているのです……。

私はこの脳内の独り言を良い意味で味方につけるために、いろんなチャレンジをしてきました。そもそもこの事実に気がつき始めたのは、お金持ちと結婚しようと決めたときでした。もともと家が貧乏だったので、小さいながらも何か物を買うときは、1円でも安いお菓子を買うために駄菓子屋を比較していました。

そんな幼少期や学生時代を過ごしていたので、**根は貧乏性**。大金を持ったこともなければ、通帳に最大20万円しか貯まったことがなく、お金持ちがどんなものなのか、本当の姿もわからない。いざ、彼らと結婚したいと思っていても、潜在意識が拒否してしまうのです。

「私には貧乏人が合っている……」

私が頑張れば頑張るほど、脳は拒否反応を起こすという最悪な状態に……。

例えて言うなら、アクセル（天使）とブレーキ（悪魔）を両方踏んでいる状態です。

これでは車は前に進みませんし壊れてしまいます。夢を叶えたくて前に進みたいのに、「こんな私なんて……」というブレーキをかけて、幸せを遠ざけているのがわかりますよね。

私は「背中にスイッチが欲しい!!」と思っていました。

いつも家の電気をつけたり消したりするときに、「これが自分の脳みそだったら、電気のスイッチみたいに、ＯＮ・ＯＦＦがあって、昨日の私と今日の私は別人になれるんだけどな……」とぼやいてました。

しかし気がついたんです！

ある魔法の言葉を使えば、悪魔をカンタンに撃退できる方法を!!

「こんな私なんて……」という悪魔がささやき始めたら、

「それって、本当だっけ？」

と声に出す。何度も問い続けてみることです！

声に出して「それって本当だっけ？」としつこく問い続けると、自分の勝手な思い込みに気がつくことができます。そうすることで、ブレーキがゆるくなり車がゆっくりと幸せの方向へ発車します。そしてブレーキが外れたら、幸せの高速道路に一直線!!

これが潜在意識をゆっくりとプラスのほうへ書き換えていく方法です。

もし脳内の悪魔が登場してきたら……「それって、本当だっけ？」と問い続けてみてくださいね♡

rule 6

「自然にできてしまう！」「没頭して止まらない！」に注目しよう

好きなことを仕事にしている人や、自分らしく生きている人、得意なことで成功している人を見ると、羨ましいな……と思ったことはありませんか？

私は**玉の輿に憧れていた会社員時代、毎日それればかりを思って生きていました。**転職を2回しているのですが、職務経歴書を書くとき、自分の経歴の棚卸しをするたびに「何も能力がない……」と落ち込んでばかりいたのです。

＊事務アシスタント歴〇年

＊ワード、エクセル、パワーポイント、上級レベル
＊TOEIC® スコア915
＊営業成績トップ

などわかりやすい資格や経験年数があると、転職に優位だったりしますよね。

でも、以前の私にはそれが一つもありませんでした。だからといって頑張って仕事をする気も起こらず、いかに楽してお給料をいただくか……そんなダメダメ社員だった私が考え出したのが……、

「お金持ちと結婚をして玉の輿にのれば、
何もない私でも、
一発逆転の人生が待っている！」

でした。まあ……ホント発想が甘い&アホですよね(笑)。

私は売れなくても芸能人を10年やっていたので、やる気のない毎日で暗くよどんだ顔をしっかり磨き直せば、なんとかなるのでは？　と淡い期待を胸にお給料を外見に全部つぎ込んでいました。

これだけ聞くと**私のイタいだけの人生話ですが、ここに改善の大きなヒントが隠されています！**


好きを仕事にするということは、「自分の〝強み〟を生かす」とも表現されますが、実はこの言葉には大きな落とし穴が隠されています。

副業解禁となり、働き方が多様化した昨今。強みや個性を生かしていろんな仕事をしている人が増えた反面、それを見つけないと仕事がない！　という間違った思い込みを持つ方も増えています。私はこれを〝強み難民〟と呼んでいます。

強みと聞くと、「人よりも秀でていないとダメ」「結果を出しているものでないと強みとは言えない」などと謙遜してしまい、チャレンジすることを恐れてしまう方が多いのです。そうすると負のループが現れてきます。

強みが見つからない

←チャレンジができない

←私には才能がない

←ＳＮＳを見るとみんな輝いて「好き」を仕事にしている

←私はダメなんだ。できない……（最初の「強みが見つからない」に戻る）

このような流れにハマッてしまい、私の強みはどこにあるのだ！　という強み難民が増加していくのです。

思い出してください、私の玉の輿追っかけ伝説を。内容は絶対にイタいのですが、あの玉の輿を狙った「行動」そのものは「伊藤宏美の強み発掘」のヒントになります。

前述したように、多くの人が「強み＝何か秀でること」と思っており、自らの経験や起こった現象ばかりに目がいきがちです。

そこで強みという表現を変えてみてください。

強みではなく、「自然とやっていること」と言葉を置き換えてみてください。または**「没頭してしまうこと」**でもいいでしょう。

例えば次のような表現でもよいです。

＊**つい熱中してしまうこと**
＊**食事を忘れて夢中になってしまうこと**
＊**黙々と……それでいて、どんどん続けていること**
＊**人から「それができるなんてすごいよ〜」と言われること**
＊**気がついたらワクワクしていること**

＊**いばらの道とわかっているのに、ついついそっちの道を選んでしまうこと**

ポイントは、自分の感情と、プロセスにも注目することです。

そもそも自然と熱中できてしまうものこそが「強み」なのです。

だってそれをあなたは自然にできていても、他の人から見たらできないこともあるからです。

これが大事！

恥ずかしい話ではありますが、私の玉の輿を追いかけて必死で行動していたことはある意味「強み」なんです。

伊藤の強み＝自分の心に正直に行動できる！

玉の輿の夢が破れても、自分でしっかり稼いで新たな幸せを手に入れることが今できているのも、自分の心に正直に、そして必死になれているから。

これもれっきとした強みなのです。

正直に生きることにフォーカスをあて人生を選択していけば、おのずと好きなことが目の前に現れてきます。

それがあなたの「真の強み」を生かした仕事や人生を送るきっかけにもなるので、焦らず自然とやっていることをしっかり見つめてください。

rule 7

女は見た目が12割。オーラ磨きしていこう♡

もしあなたが、今よりももっと幸せに仕事も人生も過ごしていきたいと思ったのなら、それができている人の振る舞いを実践することが一番の近道です。

なぜかというと、

「人は見た目が12割」だからです！

9割ではありません！　10割でもありません!!

12割なんですーーー！！！

特に現代は、ＳＮＳでの情報発信は当たり前。

ぶっちゃけますが、ＳＮＳこそ見た目が12割の世界！　写真を見て、投稿文を読んであなたの人間性が判断されてしまうのが、令和時代のＷｅｂコミュニケーションであり、ビジネスの特徴です。

これを言うと……

「結局、綺麗な人が得じゃん！」
「ブスは幸せになれないのか！」
「見た目ばっかり気にせずに、中身を見て！」

とクレームが飛んできそうですが……。

私が言っている「見た目」とは、生まれながらの顔や体の造形をさしているのではありません。

あなたが知らず知らずのうちに、醸し出す空気をさしているのです。言い換えると**「オーラ」**と言われるものです。

別に霊感が強いとか、スピリチュアルとか、そういったものがなくとも、人は自然と「オーラ」を感じて生きています。


街で芸能人に会ったことはありませんか？　私はその昔ジュエリー会社に勤めていて、勤務先が二子玉川の高島屋でした。だからモデルや俳優など、芸能人をたくさん見てきました。かつ、芸能界にいたこともあるので、芸能人のオーラもたくさん感じてきました。

「同じ人間!?」と疑いたくなるほど綺麗で華麗な人たちが多いのですが、それ以上に、オーラが尋常じゃないレベルなのです！　半径２kmからオーラが漂い、完全にその場の空気が変わるといいますか……。

とにかく、その人のオーラですべてが違った世界に見え、変わっていく瞬間を体験しています。

ではこのオーラをどうやって作り出すか？　目に見えるものではなく、「これをやったらオーラが変わりますよー」というものでもないため、非常に難しく考えがちかもしれませんが……。

実は簡単に作る方法があります！

それが、

「美人になりたければ、まず美人として振る舞う、そうすれば美人になれる」

これなのです。

美人が醸し出すオーラを感じ取り、それを自分もマネてみる!!

つまり**「なりきる」**のが大事です。

守破離という言葉があるように、オリジナルで生きる前に、美人を、

徹底的にマネる！

これができたら次は、

徹底的にマネて磨き上げる！

まずは自分がマネしたいなあ、と思える人・成功者を見つけてみてください。成功というと堅苦しいので、あなたが「憧れる人」でもいいです。もちろん芸能人でも問題ないです。

そしてマネるべき最初のポイントは、

外見です!!

* 髪型
* 洋服
* お化粧の仕方
* 使う色味
* ネイル

＊小物類

できるところから変えてみてください。

「小物をマネる」のもオススメです！

中でも**ボールペンをチェック**してみてください。

もし憧れの方が身近にいたら、さっそくボールペンをチェックしてみましょう。

「神は細部に宿る」というように、小物からマネていくと物を丁寧に扱いたくなると思います。スマホやパソコンの時代に美しいボールペンで美しい字が書けたら、それだけでワンランク上の女性にもなれますよね。

ちなみに私もある人の影響で〝ウォーターマンの名前入りボールペン〟を使っています♡

ぜひお試しあれ～。

rule 8

女なら、黙って「パール修行」をしよう

ここで注意していただきたいのが、「焦りは絶対に禁物！」ということ。多くの人が陥りがちな罠があります。私はこの罠にひっかかり、3年間抜け出せない借金生活……さらには円形脱毛症になる……という恐ろしい経験をしました。もう二度と罠にひっかからないぞ！　と心に誓っていますが、そのびっくりする罠とは、

〝見た目が12割〟をいいことに、そこにお金を費やしすぎて、一文無しになる！

というケースです。

まさに私の失敗談なのですが、もともとアトピー肌でさらに中学生のときはニキビがたくさんあったので、肌に対してとてもコンプレックスがありました。

「肌が綺麗だったら、もっと人生は変わっていただろう」

「肌が綺麗だったら、もっとモテていただろう」

このように悩んでしまう学生時代を過ごしていたので、ひと一倍外見コンプレックスもありました。ですので、憧れる人を見つけたとき、その人が持っている物やファッション、お化粧品などをできるだけマネて買うようにしました。


そこまでは良かったのですが、次第にエスカレートしていき、結果コンプレックスを一生懸命隠すために**散財してしまった**のです！

当時、会社員だった私のお給料は決まった額しかないのに、魔法のカード……そう、クレジットカードを使いまくってしまったんです(バカっ)!!

私は見た目を整えるどころか、カードの請求額を見て顔面蒼白となり、血色の良い顔から程遠く、青ざめおびえる顔となるのです……。

買いたいものも買えず結局振り出しに戻る、という残念な経験をしました。

みなさんは私のように無計画だらけな失敗はなさらないとは思いますが（苦笑）、それはさておき、外見を綺麗にすることは女性はとっても大好き！

だって女性はいつまでも美しくいたい……と本能的に思っているからです。

ですので「見た目を徹底的にマネるぞーー！」という大義名分ができると、**見た目にお金を散財しすぎて、本当の幸せから遠のく場合が往々にしてあります。**

最初に申しあげたように、**焦らず一つずつ変化を起こすことが大切です。**

円形脱毛症までなってしまった私は、この500円禿げをムダにしたくないという〝女の底力〟から、お金がなくても成功者のオーラに近づく方法をあらたに編み出しました。

それが、

「修行」

です！

あ、別に坊主になって出家したりとか、尼さんになったりとか、そういったわけではありません。

私は成功者をマネるという大義名分を手に入れ、それをいいことに見た目にお金を散財してしまいました。でもこれは外見だけを整えて、中身が全然伴っておらず、結局現状は変わらなかったのです。

「見た目」＋「内側から湧き出るオーラ」。

この2つをセットにしていかなければ成功者に近づくことはできない！　でもお金がない私はどうしたらいいんだ!!　と、この笑える悩みを真剣に考えて編み出したのが、

「パール修行」

です。

パールとはあの真珠です。

真珠の修行?!

やっぱり海女さんになるのか?!

いやいやいや(爆)。

これは真珠界のレジェンド、MIKIMOTO銀座本店の4階が修行の場という意味です!

私はもともと大手ジュエリー会社でショップ店員をしていました。しかもセレブがこぞって集まる二子玉川の高島屋で働いていたので、お金持ちのオーラが自然と感じ取れるようになりました。

ショップ店員も売上を追っています。買いそうな人には丁寧に接客することは、やはりあります。それを思い出し、買いそうなオーラと、それを買えるだけの豊かさがあるオーラを自分にもできるかを挑戦するために、MIKIMOTOに足繁く通い自分の現在地を確認していました。

パールはイミテーションのものもあれば、ダイヤモンド級に高いパールもあります。

MIKIMOTOも1階は、ちょっと背伸びすれば会社員でも買えるパールが多数並べられていますが、上の階に行けば行くほど高級になっていきます。

ですのでパール修行は、「1階から4階の女になれるか?」がまさに修行なのです!!

最初は1階で気持ちを慣らし、店員さんと会話を楽しみながらも、「私はここの女じゃないわ」的なオーラを出し、徐々に4階に上がっていく……。

MIKIMOTOの4階には1000万円以上するパールたちが並び、どう考えても買えないものばかりのパール界レジェンドの場です。

このレジェンドの場に通されるだけの、豊かさオーラが出せているかをこの修行では行っていきます（もっといいのは1階にいた自分を、スタッフが自然と4階に案内してくれることですが）。

オドオドせずに、堂々とお店でパールを試着できるか。その姿勢が問われてくるといってもいいでしょう。

この修行は、「ベンツ」でも行うことができます。

もしあなたがパールやジュエリーに興味がなければ、ベンツ修行をオススメします。

これもパール修行と同じように、ベンツを買うオーラを出してみるのです。

別にベンツじゃなくてもポルシェでもフェラーリでもマセラッティでもいいです。

ちなみに私がやったのはＢＭＷとポルシェ修行でした(笑)。

よく通っていたのは外苑前のＢＭＷ。行っては買うオーラを出し、可能であれば試乗まですることをオススメします。ちなみに私はペーパードライバーなので運転はしません。あくまでも車の座席に座ってみるだけです。

でもそれでいいのです。

外苑前のＢＭＷで修行を終えたら、その近くにあった青山ブックセンターにもよく行っていました。本屋さんにはお金持ちが集まりそうというイメージがあり、本屋さんにも足繁く通いました。

ともかく「オーラ」をまとうには、**その場に身を置いて空気に慣れること！**

最初は気後れしますが、これも慣れていきます。

そこの空気や場に自分を慣らす。これが大事。

見た目やオーラを整えることは非常に大切ですが、実はそのやり方がポイントです。まとめますと……、

「見た目」＋「内側から湧き出るオーラ」

＝パール修行

です！

この修行、効果てきめんです♡

外見を整え
↓
それが自分に馴染んでいるかを修行し
↓
誰にも声をかけられなかったら、まだ修行が足りない!!

この修行の醍醐味は、オーラの変化がお金をかけずに楽しみながらわかる点です。
どうせ同じ時間を過ごすなら、一生で何回も買えない、高級車や高級ジュエリーなどの場所に行って修行すると楽しくなりますよ。

rule 9

「今日を美しく生きる」と決めるだけで、ステージが上がる

私たちは「完璧なものを持っている状態が成功」と思っていることが多いです。お金があることが成功、ないことは失敗。学歴があれば成功、なければダメ。幼いときから競争と偏差値教育に慣れてしまった私たちは、人から与えられた目標や期待を１００％できていないと失敗だと思い込んでいることも多いです。

ですから、もっと今より幸せに生きたいと思っても、不安や不完全、失敗に目がいき、急に怖くなり、いったい何から手をつけていいのかわからなくなります。

また、日本はまだまだ男性性の強い社会です。男性は女性と違って明確な目標を立て、そこから逆算し、今日何すべきかを細かく落とし込んでいきます。まさ

に「狙った獲物は逃さない」狩猟型で仕事も生き方もまわっています。

しかし女性は子どもを育てたり、世話をしたり、人に貢献したい気持ちが強いので、**感謝や調和を大切にする農耕型**とも言えるでしょう。

このように性質が全然違うのに、「成功を目指せ！」と言われてもいまいちピンとこないのは当たり前なのです。

では女性がどのような方法で「成功」を目指すか？

これ、大切ですよね。

私も会社を経営していますので、もちろんお金は必要です。

売上目標をしっかりと立て日々数字とにらめっこしています。

実はプラスαで「女子流成功法則」を取り入れています。

そのやり方とは、

「今日を美しく生きる」

です。

美しくとは外見をさしているのではなく、**丁寧に自分を慈しみながら生きる**ことです。毎日何気なく過ごしている日常から、一つひとつ手に取るものや触れるもの、そして見るものすべてを美しく尊いものとして扱ってみてください。

＊住環境
＊食事
＊お洋服
＊時間の使い方
＊人との会話

毎日起こるすべてのことを雑に扱うのではなく、意識して丁寧に扱ってみるのです。遠くの成功を目指すより、近くの毎日を大切に生きるほうが、女性にとっては成功の近道。

日々の積み重ねが大事です。大きなビジョンを描くのも結構ですが、小さな階段を登るように、コツコツと積み上げていくほうが女性は成功実感を得やすく、現実化しやすいとも言えるでしょう。

人に貢献し感謝され、自分が誰かのお役に立てているんだなぁ……という優しい感情に包まれていたほうが、顔も優しく美しくなっていきます。

女性は男性のように、**稼ぐことや誰かに勝つことだけを意識して生きてはいけません**。毎日をナチュラルに、そしてコツコツと丁寧に生きたほうが良いのです。

真の成功とは、**私が私らしく生きると決めたときからスタート**します。

「自分らしく生きよう」

「日々を、私らしくあろう！」

ほら、あなたならではの成功はすぐ目の前にありますよ♡

Chapter 2

玉の輿にのれなかった
崖っぷち女は、

自分を最強の
パートナーにして、
愛されプリンセスに
変わる！

rule 10

「無意識にのっかる」のを疑ってみる

ＩＴが進化しWebやＳＮＳからの情報がたくさん入ってきます。マスメディアもさらに進化し、現代人の情報処理量は10年前の５００倍、あるいはそれ以上になっているとも言われるくらいです。

物もたくさん溢《あふ》れ、いったい何が大切で何が不要かわからなくなっている現代。便利に多くの情報をとれるようになったものの、ＳＮＳやスマホ疲れで自分を見失いがちな人は多いのではないでしょうか？

＊とにかく〝いいね〟をもらうために投稿してしまう……。

＊人の目が気になり、人に好かれようと行動しすぎて、自分のこともわからな

くなる……。

これはあなたに限らず、現代社会で生きている限り一度は体験したことがあるのでは？　と推察します。

本当は自分が心から良いと思ったものを、〝シェア〟するのが「ＳＮＳ」の醍醐味なのに……、

「あれ？　私、他人の好き嫌いにのっかってる？」

といった状況にいつの間にか追いこまれてはいませんか？

例えばＳＮＳで「あの映画が好き〜」と多くの方が発言してシェアをしていたとします。実際、それを観に行ったけれど私はイマイチ……だった。本当は「イマイチ」と発信したいのに、みんなにどう思われるか心配で〝自分に嘘をついて〟「良かったです！」と、思ってもない気持ちを発信してしまう。

他にも「好きなことで起業をするのって幸せ」とSNSで投稿している人を見て、自分は会社員でもすごく誇りをもって仕事をしているのに、会社員じゃダメ、起業こそが女性を輝かせるんだ！　と思い込んで無理に起業の準備を頑張って疲れてしまったり……。

私にもこういった「自分を見失う」体験はあります。

SNSで起業家や経営者仲間が、〝年収1000万円達成！〟〝どんどん稼いでます〟〝豪華な海外旅行、楽しんでいます！〟などと投稿しているのを見て落ち込んでしまう……ということが何度もありました。

しかし立ち止まって考えてみてください。

本当に〝稼ぐこと〟だけが幸せですか？

本当に〝心からそれが好き〟ですか？

他人のSNSで本当の自分を見失い、他人の夢や目標、考え方に

のっかっていることはありませんか？

これはＳＮＳ社会の〝現代病〟だと私は思っています。ですので、これに処方箋を渡すのはとても難しい。

だからこそ、**私たちはこれから「意識的に生きる」**ことが大切です。

ＳＮＳやマスメディアをはじめ、毎日情報が無意識に目の中に飛び込んできます。

これを避けて通るには、仙人になって山奥にこもるしかありません（笑）！

そんなことはできませんから令和時代の生き方は、意識的に生きることが重要なのです。

では次の項目でどのように意識的に生き、幸せになるかの方法について、お話をしていきますね。

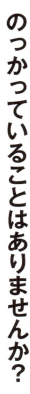

rule
11
好きなこと、嫌いなことを明らかにする「私の取扱説明書」

「意識的に生きる」とはどういうことか？

それをするためにはどうすればいいのか？

まず、**自分がどんなことが好きで、どんなことが嫌いなのかを、めちゃくちゃはっきりと、明らかにすることです。**「私が」好きなこと、嫌いなことがわかると、あなたの人生は本当に豊かになります。

この豊かさとは、決してお金だけではありません。

＊心

＊時間
＊感性
＊人間関係
……etc

人生すべてに影響していきます。

私は豊かさとは「余裕」だと思っています。「スペース」とも言い換えられます。

余裕がない人っていつもせわしなく生き、いつも何かに怒っている印象はありませんか？

新しい情報や出会いがあっても、それをキャッチするだけの隙間がなく見過ごしてしまい、結果自分にとって最高のチャンスを見逃していくのです。

「豊かさ」は、生きることすべてに影響していきます。

現代は本当に多くの物が溢れています。そして、物を所有していることが豊かさの証だと思いがちですが、真の豊かさは物体に求めるものではないと考えます。

カタチないものをいかに、豊かに感じられるかだと思います。

ですので物を選ぶことができる反面、物が多すぎて何を選んでいいのかわからなくなり、結局自分はいったい何が欲しかったんだ？　と疑問に思うことが増えています。それが明確にわからないと、大事な時間がどんどん過ぎ去ってしまうことになります。

好きなこと・嫌いなことを明確にするためには、**あなたが本当に向かいたい未来をクリアに描くことです**。

多くの人はこの作業を全くしていないため、明確な答えを持っておらず、人生が迷宮入りしやすいと思います。

さらに、女性は一生懸命頑張りすぎています。人の期待に答えたいと思うあまりに、好きなことも嫌いなことも、人からの視線や期待に応える気持ちのほうが先走り、「人の期待の中で人生を送る結果」になっています。そうやって他人の都合で生きているので、いざ本当にやりたいことを自分に問いただしたときに、自分の可能性やなりたい姿に制限をかけてしまうのです。

ですから、みなさんには本当に自分の好き嫌いを明確にして、「私の取扱説明書」を作ってほしいと思います。

取扱説明書を作るメリットは

＊好きと嫌いがはっきりするから迷わなくなる
＊ムダな付き合いがなくなる
＊できることを伸ばし、できないことはやらない
＊人から何を言われてもブレない
＊信念が生まれる

など……たくさんあります！

考えてみてください。家電製品を買うと必ず取扱説明書がついていますよね。

使い方がわからなければその取扱説明書を読んで操作をするはず。もし説明書を読まずに使っていたら、壊してしまうことも……。

ちなみに私は空気清浄機にアロマを入れて使っていたら、買って1ヵ月で壊れました(爆)。

これと一緒です。取扱説明書を読んで、正しく使えばなんでも長く使えるはずなんです。

私たち人間も同じ。

自分が自分を取り扱う方法を知れば、自分自身を長く愛おしく大切に扱えますよ♡

rule 12

「私の取扱説明書」の作り方

～STEP 1：居場所を変える

さっそくこの取扱説明書を作っていきましょう！

最初にやることは、身についてしまっている「考え方の癖を外す」ことです。

前述したように、人の期待に応えてしまう女性は、**できるできないで物事を判断し、好きか嫌いかを完全に見失っています**。ですので、新しいものの見方に、マインドを切り替えることが大切です。

それを可能にする手始めのステップとして

場所を移動しましょう！

家や行きつけのカフェだと、いつもの自分の延長線上でしか物事が考えられなくなり、結局視野が広がらないからです。

私のオススメは、思いきって「高級ホテルのラウンジ」へ行くことです。

高級ホテルはサービスが一流です。スタッフの人たちが、とても丁寧に接してくれます。すなわち、自分を丁重に、そして一流に扱ってくれるのです。

「コーヒー高いしスタバでいいよぉ〜」と思ったそこのあなた!!

この**「非日常感」に身を置くことが自分をいつもの思考から解放してくれる簡単な方法なのです**。

「非日常を味わいつくす」を大事にしてほしいのです。

高級ホテルは天井が高く、とても開放的に作られていますよね。

天井が高いと空間に良いエネルギーが循環します。

「いつもゴミゴミと満員電車に乗って、息つく暇もない」

「狭くて、なんか片づかない家にいて、落ち着かない」

そう思ったのなら、高級ホテルへ今すぐ行ってください。

なにも、ハワイへ行かなくても、より安く近く「非日常」が手に入ります。
ちなみに私がよく行っていたホテルは、

＊リッツカールトン
＊コンラッド東京
＊ウェスティンホテル
＊ザ・キャピトルホテル東急

です。
思いきって行き、気分をフルリフレッシュしてみてくださいね♡

rule

13

「私の取扱説明書」の作り方
～STEP 2：ハッキリさせたい「今」に集中する

素敵な場所に移動できたら、ワークに移っていきます。その前に、まず一呼吸して、しっかりと高級ホテルのラウンジの空気を吸い、リラックスしてください。もし、気後れしてしまったり緊張してしまったりしたら、魔法の言葉「私には価値がある♡」を思い出してください。心の中で何度も唱え、「今」に集中してください。

リラックスできたら、次に心の中でこのように唱えてみましょう。

「私は今、何をハッキリさせたいの？」

このように自分に問うてみてください。

「私の取扱説明書」は、今に集中し時間をかけて作っていくのがポイントです。急いで作り上げる必要はありません。

最終的には、**私が本当に「好きなこと」「嫌いなこと」をハッキリさせていく**のが目的ですが、ハッキリさせるゴールが見えていないと、どこに向かって自分は書いているのか、途中で迷子になってしまいます。

大事なことは**「今、自分は何に困っているのか？」「何を知れたら気持ちがスッキリするのか？」**

これに集中することがポイントです。

例えば、恋愛にすごく悩んでいるのに、仕事の好き嫌いをハッキリさせても、あまり幸せ度はアップしません。逆に仕事に悩んでいるのに、住みたい街の好き嫌いをハッキリさせても意味がありません。

ですから、心をリラックスさせて、改めて自分と対話するのです。

「私は今、何をハッキリさせたいの？」

私の場合は、次のようなものハッキリさせたく、ピックアップしました。

＊恋愛
＊仕事
＊人間関係
＊自分の未来
＊住居
＊結婚
＊食事
＊オシャレ
＊お金の稼ぎ方

これと同じように、今、あなたがハッキリさせたいことを、「目次」としてピックアップしてみてください。

もしハッキリさせたいものが一つしかなかったら、それはそれで大丈夫。その一つとしっかり向き合い「私の取扱説明書」を作っていきます。

もし今、ハッキリさせたいことが見つからなくても問題ありません。それは、忙しすぎたり、どうしても慌ただしさが抜けきらず心が固まっている可能性があります。よって、何度かに分けてゆったりとした気持ちにシフトしていくことが大事。ゆっくりと見つけていきましょう。

その意味でも、1ヵ月に数回はホテルのラウンジに行くなどして、自分と対話する機会を作ってみてくださいね。

焦らずじっくり、「今」と向き合いましょう。

そして最初に何をハッキリさせたら良いか、**幸せの優先順位を決めてください。**

幸せになるにも順番があります。恋愛を先にハッキリさせたほうが良い人もいれば、人間関係をハッキリとしたほうが良い人もいます。置かれている環境によって幸せになる順番が違ってくるので、「私の取扱説明書」の目次は、あなたがあなた自身で決めて、ピックアップしていきましょう♡

rule 14

「私の取扱説明書」の作り方
～STEP 3：腱鞘炎になるくらいまで、「好き」「嫌い」を書き出そう

「私の取扱説明書」の目次が作れたら、中身を作っていきます。

ハッキリさせたいことをピックアップしたら、思いつく限りの「好きなこと」「嫌いなこと」をそれぞれ書き出してみてください。「これからチャレンジしてみたいこと」を加えてもいいです。

最初はあまり出てこないかもしれません。でもそれは、こうしたワークをしてこなかっただけです。あなたが悪いわけではありませんので、ご安心を。

なお、書き出していく中で、

「私にこんなことできるのかな？」

「チャレンジしたいことを書いたけれど、そんなお金どこにあるの？」

「〝嫌いなこと〟を書きすぎて、性格悪くならないかな？」

なんて、現実的問題が頭をよぎって考え込んでしまうかもしれませんが、今はそういった声は完全無視！　してください。今のあなたの能力も時間も予算も全く関係ありません。

このワークで大事なのは、「望む限りの能力」「有り余る時間」「潤沢な財産がある」と仮定して、とにかく思いつく限りの「好き」「嫌い」を腱鞘炎になるくらいまで（笑）、書き出してみることなのです。

目安はそれぞれ「100」個！

びっくりしました（笑）？

でも**100個くらい大量に書くこと**が大切なのです。そうしないと、効果は得られにくいです。長い間、固く閉ざしていた自分の感情を解放するには、「大量」で対処するのが一番です！

可能なら200個、300個、書いて欲しいです。

すると……、自分は本当にどんなことが「好き！」「ワクワクする！」「嬉しくなる！」ことなのか。

逆にどんな状態が「イヤ」で「関わりたくない」「見たり、触れるだけでムリ」と思えることなのか。

自身の好き嫌いの本質的傾向、私とはいったいどんな嗜好や癖があるのかが、浮かび上がってきます。

すなわち、**自分の傾向を徹底的に知ってほしいのです！**

これをきっちり行うと真の意味で、「自分らしさ」「自分の軸」がわかるようになります。

生き方に迷って決断できなかったり、いつも他者に答えばかりを求めてしまったり……という人は「自分らしさ」「自分の軸」がハッキリしておらず、「ブレ」がとても多いです。

本当に何が好きで、何が嫌いなのかがわからず、他者に「すべて合わせている」状態です。

「私らしさ」のスタートは、自分を知るところから始まります。

そしてこの結果は、あなたの人生の道標になります。仕事や生き方における選択の基本軸が完成し、ブレもなくなります。

確実に未来を豊かにしていくガソリンになるので、ぜひ自分の「好きなこと」「嫌いなこと」を徹底して知るようにしてくださいね。

rule

15

オリジナルの「人生年表」を作って私らしい生き方を手に入れよう！

生きていると、良いこともあれば悪いこともあります。

さらにどんなに頑張ってもうまくいかないときもあれば、何をやっても驚くくらいうまくいくときもあります。そう考えると人生とは面白いものです。

しかし、その渦中にいるときは、なかなか心穏やかに過ごせないものです。

そんなときに頼りになるのが……、

占い!?

星占いやタロット占い、はたまた新月満月占いや吉方取りなど、運や人生を好転させるものが世の中にはたくさんあります。

占いやスピリチュアルなものは特に女性は大好きですし、私も「しいたけ占い」は大好きです。

しかしハマりすぎには注意！　**占いなどはあくまでも参考であり、答えを教えてくれるものではない**からです！　昔バイトしていた頃の後輩に、**毎月占いに5万円もかけている子がいました**。バイト代10万円で占いに5万円ってどんな金銭感覚だ？　とびっくりしましたが、なぜ占いにハマるか聞いてみたところ、

「良い運勢になるまで行き続ける！」

と、豪語していました。占いは宝くじじゃないよ！　とツッコミましたが、占いを博打《バクチ》のように使っている彼女に引いてしまっている自分がいました……。

でも占いにハマる気持ちはわかります（私もかつて似た経験しましたし……）。私たちは未来のことが不安ですし、何か安定や確約されたものが欲しくなります。

多くの人は、未来が予測できないから悩んでいるのです。未来はどうやってもコントロールできないので、悩みは一生尽きないと言えるでしょう。しかし私のオススメは未来に目を向けるのではなく、あえて過去に目を向けてみるのです。「おいおい、過去を見つめるなんて……」と言われそうですが、過去もとっても大事だと私は思っています。

世の中は、

「ネガティブがダメ！」

「過去を振り返らない！」

「前に突き進め！」

と言いますが、それは本当に正しいでしょうか？

過去だって、自分が生きてきた歴史でとても大切です。

そこで私がオススメしたいのが、過去と向き合って未来を予測する方法です。

人生年表を作成し、未来を見える化しよう！

です。やり方は至って簡単。バイオリズムを使った人生年表を作り、自分の思考のパターンを知る！　というワークです。これは自分が生まれてから現時点に至るまでの出来事や気持ちの変化をグラフにして見える化します。

〝年表〟なんていうと大変そうな印象を受けるかもしれませんが、

＊何歳のときに
＊どんな出来事が起きて
＊どんな感情になったのか

を書いていけば簡単に作ることができます。

rule 16

「過去のバイオリズム」を知ることで、不安がなくなる

参考までに私の過去を書き出しますと……、

* 中学2年生：雑誌の読者モデルに応募して準グランプリをとる（嬉しい）
* 高校2年生：渋谷で芸能事務所にスカウトされ憧れの芸能界に（超絶嬉しい）
* 大学卒業するまで：まったく芸能人としての芽が出ず人生が根暗に（どん底）
* 社会人①：憧れのジュエリー会社に入社するも、飽きっぽい性格のため2年で退職
* 20代前半：舞台の世界に再チャレンジしようと思い芸能界に戻るも、演技がヘタくそすぎてさらに落ちこぼれる。200万円の借金に悩みすぎて人生初

の円形脱毛症に（やばいどん底）

＊20代後半：人生やり直そうと決意し人材紹介会社に入社するも、時給数百円のハードワーク。しかし憧れの社内恋愛でウキウキ♡（嬉しい）

＊30歳：30歳になる2週間前にフラれ、2回目の人生をやり直そうと決意し、一人暮らしをする（どん底）

＊30代前半：玉の輿にのることを目標にお金持ちを研究するも、結婚の気配すら感じない。そんな人生に嫌気がさし、また円形脱毛症になるが人生を変えるお金持ちメンターと出会う

＊30代中盤：自分でお金持ちになったほうが早いや！って気がつき独立をしようと決意して見切り発車で会社を退職。気がつけば500万円の借金を抱え、人生どん底に落ち倒れる。また円形脱毛症に（かなりどん底）

＊30代後半：またしてもこのままでは人生は終わると気がつき、起業塾に入って本気でビジネスを一から勉強。そして会社まで設立し年収も1000万円を突破！（毎日ハッピー）

私の人生はまるでギャグマンガのようですが……これをグラフにしていきます。すると、何年周期で良いことや悪いことが起こるかのバイオリズムがわかるのです（次ページ図）。

ちなみに**私は3年周期で人生を変える出来事が起こるな～**、とわかりました。

また30代中盤までなんともヒドい生き方だったので、大器晩成型かな……と予測することもできます。

早期で成功するのではなく、人よりも時間をかけてそこから花開く（のではないか）……この傾向がわかってから、人と比べなくなりましたし、自分の性格を過去のバイオリズムから読み解いたので、悪いことが起きても焦らなくなりました。

人生年表は占いなどと違い、実際に自分が経験したこと・感じたことを基に自分の手で作るので絶対的に信頼できるデータです。

ですので、このデータを使えばヘタな占いに通いつめなくても、未来に何が起きるのか予測できちゃいます！

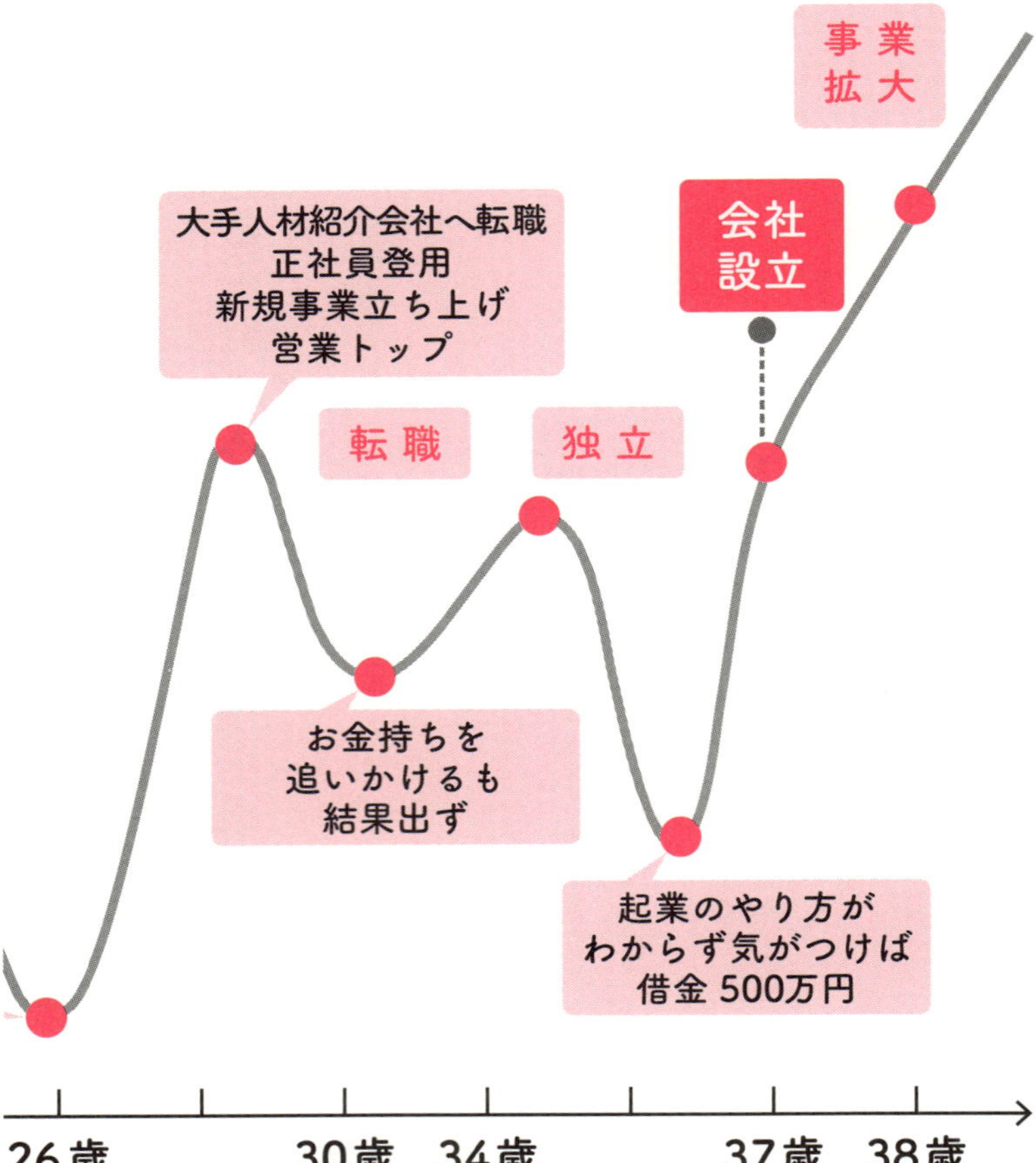
事業
拡大
大手人材紹介会社へ転職
正社員登用
新規事業立ち上げ
営業トップ
会社
設立
転職
独立
お金持ちを
追いかけるも
結果出ず
起業のやり方が
わからず気がつけば
借金 500万円
26歳
30歳
34歳
37歳
38歳

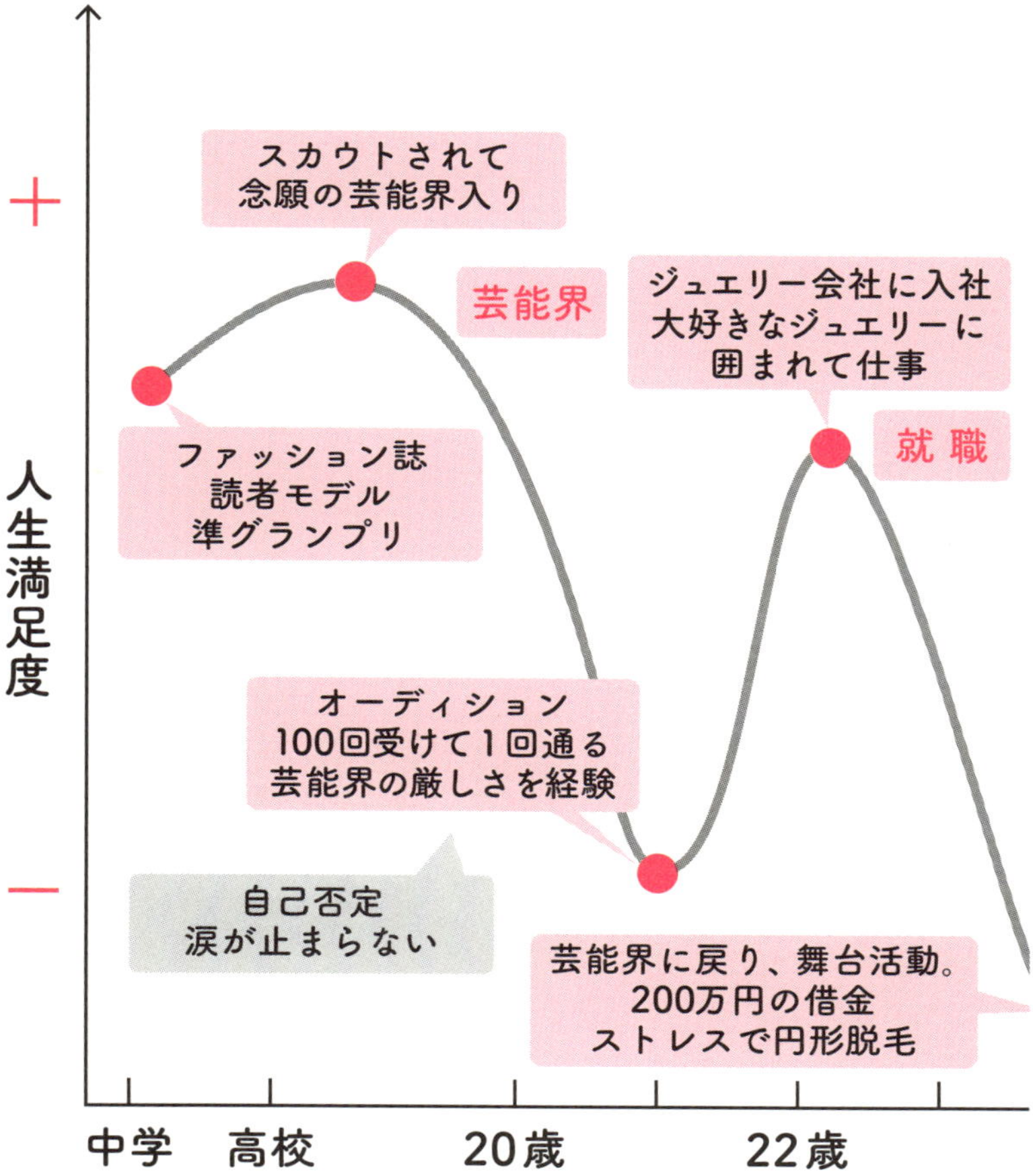
人生満足度
＋
－
スカウトされて
念願の芸能界入り
芸能界
ジュエリー会社に入社
大好きなジュエリーに
囲まれて仕事
就職
ファッション誌
読者モデル
準グランプリ
オーディション
100回受けて1回通る
芸能界の厳しさを経験
自己否定
涙が止まらない
芸能界に戻り、舞台活動。
200万円の借金
ストレスで円形脱毛
中学
高校
20歳
22歳

最後にもう一つポイント。過去を振り返りながら〝感情〟も味わい尽くしましょう。

もし過去の感情をなかなか思い出せなかったとしても、それはあなたが悪いわけではなく、こういったワークをしてこなかっただけです。焦らずじっくりと、過去を思い出しながらそのときどんな感情になったかも思い出すと良いでしょう。

自分は何を楽しんできたのか？　どういった体験が嫌だと感じたのか。

もう一度味わいつくすことで、何に「ワクワク」して、どういうことに「ガッカリ」するのか……、自分なりの感情の向き合い方を知ることができます。

つまり、感情のコントロールができるようになるのです。

感情をコントロールできることは、人生をコントロールできるのと一緒。

あなたが本来行くべき地図を先に手に入れることができるのです。

思い通りの人生を送るための基盤になりますよ。

rule 17

“清く正しく”ではなく「～したい」の心を全開にして動く！

玉の輿にのろうとして、お金持ちの男性を追いかけていた頃と比べ、今は起業して、自分で仕事を作り、お客様と接して売上を立てるという行動により、今までにないほど順調に人生が進んでいます。それは、「自分に正直に、素直に行動してきた結果」だと思っています。

この素直さはとても重要で、好きなことで仕事をしたい人も、素敵な人生を送りたいと願う人にとっても全員大切なことです。

私が好きな経営者の一人に、銀座まるかん創設者の斎藤一人さんという方がおります。

一人さんは「この世は行動の星だ」とおっしゃっていますが、結局行動できる人は、成功者から「これをやったらいいよー」という教えを素直に実行しているだけです。

ですから、**素直さはすべての源泉となる**と思います。

しかし、素直になれと言われても、何十年と自分の考えで生きていて、凝り固まった思考で、新しいアドバイスを伝えられても、なかなか受け入れられないのが大人です。

ですから最初は「自分に素直になる」ことをオススメします。自分に素直になるためには、「こんなことしたいな〜」と思うことから練習をしてみましょう。

私はよく人から、「素直だね〜」と言われますが、決して最初から素直だったわけではなく、練習しました。まず自分がやってみたいことを素直に実行したのです。

それが「お金持ちと結婚する」だったのですが(苦笑)。

最初の頃はお金持ちがいそうな東京のエリアを探索して、「ナンパされないかな〜」なんてナンパ待ちをしていました。しかし、東京で全然結果が出なかったので、日本の土地代金を調べ、土地が高いところに行き、そこでナンパ待ちをしました。さらにそこでも結果が出なかったので、挙げ句の果てには神戸の芦屋までナンパされに行くという始末。

結局はなんにも変わらなかったのですが……。

でも私は自分のやりたいことにとことん向き合い、とことんやった結果、**いつの間にか、行動することが億劫ではなくなった**し、新しい世界が広がることが楽しくなって、いろんな人のアドバイスを素直に聞けるようになりました。

こうやって「〜したい」と思う気持ちを全開にしていくと、いつの間にか素直になり、新しいチャンスが舞い込んでくるのです。

人の意見に素直になることが最初は難しかったら、まずは自分の気持ちに素直になって行動してみると、いつの間にか素直なあなたになっていますよ♡

ちなみに後日談……。

芦屋まで行ってもナンパされなかったので、あまりの悔しさに私は銀行で2万円を引き出し、芦屋まで来た「ツメ痕」を残して帰りました。もう飲み屋さんで思うまま、バカ騒ぎしまくったのです(笑)。

その明細書を今でも大切にとっていますが、悔しい思い胸に心ゆくまで芦屋の豪邸を見て歩き「将来ここに住むんだ〜」と妄想して帰ったことは、今ではユニークな思い出です。

Chapter 3

玉の輿にのれなかった崖っぷち女でも、

「賢く可愛いお金持ち」になれた秘密

rule 18

女としての欲望を隠さないほうが、ナチュラルに稼げる!

今私は、女性のための自立や起業・副業の支援を目的としたスクールを運営しています。

自分の好きなことや得意なことで自立し、稼いで幸せな生き方ができるよう、コンサルティングも行っています。スクールを運営し2年。年々起業や副業のニーズが高まりつつあり、とても良いことだと実感しています。

一昔前だと、女性が役職に就くことや起業するってハードルが高すぎて、なかなか身近に考えられず、むしろ扶養内でどうやってやりくりするか?　サラリーマンやパートのお給料をどう使ったり管理したりするのか……を考えている人のほうが多かったのではないでしょうか?

しかし、令和の時代になり、社会的に環境も意識もどんどん変わっています。旦那さんのお給料だけでは生活が難しくなっているため、女性も家計を支えることが当たり前の時代になっています。

そしてどうせ同じ時間を使うなら、ただ勤めたりパートでスーパーのレジ打ち……だけではなく、自分の好きなことや自分の得意なことで働き「○○ちゃんのお母さん」「○○さんの奥さん」とも呼ばれず、一人の女性として扱ってもらえる仕事をしたいと考える方も増え続けています。

さらに、ＳＮＳが生活に密着している世の中にもなりました。

イキイキと輝いて、充実した人生を送っている女性たちを見かけると、自分も同じように輝きたいと思うことさえあるはずです。

〝キラキラ女子〟だの〝リア充〟だのと言われようと、輝きたいもんは輝きたいんです！

女性はいつだって、シンデレラになりたい！　プリンセスでいたい！

その欲望、もう隠すのはやめにしませんか？

私はこうした原動力が一番大切だと思っています。周りがなんと言おうと、お金持ちと結婚したかったたし、そのための努力だってする(した)し、そして自分もお金持ちになりたい！　と思っているので、欲望を隠さず一生懸命働いていま す！

自分で自立して幸せになる秘訣は、こうした自家発電エンジンが最も大切です。どんなにいい商品やサービスを持っていたとしても、提供するあなた自身に情熱がなかったら思いは伝わりません。ぜひ欲望を大切にしませんか？

rule 19

自分のしたいことを叶えるために、伝えベタの壁を崩す！

日本の女性は「情熱を伝えること」がとても苦手です。

自分の意見より、相手を尊重する習慣が根付いているため、「ぜひあなたの情熱を伝えてください」と言われてもなかなか難しいところがありますが、大切なことは「自分の気持ちに素直になる」です。

私でしたら、「お金持ちと結婚し、玉の輿にのりたい」という素直な気持ちでしたね（爆）。

まずは、**子どものように思ったことを口にしてみてください**。

恥ずかしい……と思ったら、最初は独り言でもいいのです。自宅の部屋でゴニヨゴニョ独り言をつぶやいてみてください。聞いているのはあなただけです。だから、ご安心を〜！

口に出すことに慣れてきたら、**人に伝えてみてください**。

身近な友達や知り合い、家族でも構いません。自分のことを受け入れてくれる人に、気にせず「口に出す」ということを行ってみてください。

そして最後に、上級編としてＳＮＳに投稿してみましょう。

不特定多数の人にあなたの気持ちを伝え、それに対して〝いいね〟をもらえるかどうか……ちょっとお試し&体感してみてください。

私は起業をしたことで、様々な分野で成功を手に入れた人たちを見てきました。

間違いなくみなさん、情熱の熱量が高く、自分がやりたいことを熱く語り発信をしています。

成功者でも最初から、幸せになっているわけではありません。

赤ちゃんの時代があり、いろいろな悩みを経て今があります。どんな偉人でも最初から偉人ではないのです。

ただ普通の人と違っていたのは、自分の夢を伝え続けたこと！

それは、いきなり伝え始めたのではなく、**やっぱり練習して、積み重ねています。**

私も練習しました！　とっても簡単ですので、その方法を紹介しますね！

＊STEP1）独り言でしゃべる
↓
＊STEP2）人にしゃべる
↓
＊STEP3）SNSに投稿する

この3STEPです。まずは繰り返しやってみてください♡

rule 20

会社にも夫にも雇われず、自由に幸せに稼ぐためにはずせないこと

実は……**女性は起業や副業など、個人でビジネスをすることにとても向いています**。

起業は能力がある人や、優秀な才能がないとできない！　と思っている方がいますが、私は女性こそ起業や副業をしたらいいと思っています。

なぜなら**女性の日常すべてが、起業に必要な基礎でできあがっているから**です。

ポイントは、

いつもの日常を、起業（ビジネス）に変換するだけ

何か新しいことを探したり、やってみたりするのではなく、いつもの日常にちょっとしたエッセンスを加えるだけです。

女性の1日は意外と忙しいですよね。お子様がいる方であれば、お弁当作りに送り迎え、炊事洗濯、ご近所付き合い、自分の仕事、友人に会いに行くなど、振り返ればいろんなことを〝同時並行〟にこなしています。

独身の方でも、会社へ行き仕事をこなし、同僚とのお付き合い、自分磨きなど、〝同時並行〟でいろんなことをしています。

この何気ない日常こそが、起業を成功させる宝物なのです！

では、具体的に日常の何をどう変えたら起業や副業に紐づくのか、解説していきます。

◆毎日の献立◆

家族が何が好きで嫌いなのか、日々の**リサーチ力**が重要。

家族(お客様)に喜んでご飯を食べてもらえるよう、人気のレシピを調べたり味つけを変えたり……**リサーチ力**が養われます。

◆ポイント2倍と特売のマジック◆

近所にあるスーパーの中から、特売を見つけお財布に優しい家計簿を目指すのは主婦(女性)の能力が開花しやすいです!

さらにポイントが貯まる日などを狙って買いに行く……。

こうしたスーパーマーケットの戦略を日々体感しているのが女性。つまり自分の体験を通して**顧客心理**を実感しているのです。

「ポイント2倍ってお得な感じ〜! ついいつもより多く買ってしまう!!

2倍に心奪われるってことは、自分がビジネスを始めたら同じことをすればお客様に喜んで買ってもらえるかも!」

このように**顧客心理**を知ることができていることは強いです。

◆PTAや集会◆

年齢も生まれてきた環境も違う人たちをまとめあげる。さらにPTAの活動をやりたがらない集団をまとめあげる能力は、**コミュニケーション能力とリーダーシップ能力**が養われています。

◆家族が全員揃うまでの時間◆

会社やパートから戻ってきてからが勝負！　献立を考えてスーパーへ行って、家族が帰ってくるまでに晩御飯を作って……19時にみんなそろって食卓でいただきます～。この限られた時間ですべてをこなす**時間管理**は天下一品のはず。

総理大臣も顔負けの分単位による時間管理は、起業する上で重要です。

◆生理と出産◆

これは女性しか体験できない本能の現象。生理前はホルモンの影響もあり、イライラしたり肌荒れしたり……。生理期間中は生理痛でお腹周りに鈍痛が……。出産なんて、鼻からスイカが出てくるんじゃないかと言われるくらいの痛みがある！　とも言われています（私はまだ味わったことがない……）。

男性には絶対に計り知れない痛みに耐える**強いメンタル**こそ、起業に一番必要なこと！　起業は会社に守られているわけでもなく、自分で自分の仕事や人生に責任をもたなくてはダメなので、この**強いメンタル**がなければ起業や副業は難しいのですが、女性は知らないうちに毎月このメンタルを鍛え上げています。

ざっと挙げただけでも、女性の日常はすべて起業や副業に応用できることばかりです。ヒントは「いつもの生活」にいくらでも転がっています。

また、起業や副業で大切なことは、準備期間です。いきなり好きなことを仕事にするぞ！　といっても、お客様に商品やサービスを買ってもらわなければビジネスは成り立ちません。

ですので、まず最初にしてほしいことは、いつもの日常を注意深く探ってみてください。

「あ、これ。自分だったらこうしたらもっと欲しくなるな」

「こうやって言われたら、相手のために行動したくなるな」

「こんな商品があったら口コミしたくなるな」

などなど、日々起こる日常を「私だったら……」と変換してみると、いろんなところに宝のネタが溢れていますよ♡

rule

21

笑ってツヤを出せば出すほど、お金はどんどん舞い込んでくる！

「笑う角には福来たる」。この言葉は真実だと思います。

私は集客コンサルタントとして最初個人事業で起業しました。もともと人を集めるのが得意だったかと言われたらそうではなく、いろんな方法を学んでお客様を獲得する方法を習得しました。

最初の頃はノウハウも実績もなかったので、まず自分にできることは何かなぁ？　と考えたときに

「とりあえず笑ってツヤ出しておこっ！」

と単純ですが……そう思いました。

私が尊敬する銀座まるかんの創業者である斎藤一人さんが、「笑うが勝ち」といつもおっしゃっていました。

お客様を獲得することと、笑顔は密接な関係にあります。私は年間1000人のお客様を集め、様々なセミナーやイベントを企画していますが、なぜここまで集められるようになったかは、テクニックではなく「笑顔」の重要性を知ったからです。

人は、楽しいところに引き寄せられる。

楽しいところには、「どんなワクワクがあるのかな～」や、「どんな人がいて、どんな出会いがあるのかな～」と想像をかきたてるものがあります。東京ディズニーランドがいい例です。

キャストと呼ばれるスタッフの方々の笑顔が、お客様のハートを掴みリピートにつながっていますよね。

もちろんミッキーマウスというキャラクターや施設の充実度……などの効果もありますが、ディズニーランドを支えているのはキャストの笑顔なのです。

このように笑顔は人の記憶にも残るので、笑顔でい続けることが大切です。

笑顔って簡単に言いますが、笑顔を作るには表情筋の筋肉を使うので、意外と疲れます。

そして日々携帯ばかり見てにらめっこしていると、笑顔は急に作れないんですよね……。ちなみに私はセミナーを開催しているので、参加者さんの素の表情を見ていますが……恐ろしく怖いことが多いです。

顔が死んでいます(笑)。こちらが問いかけても無表情に無反応。聞いているのか目を開けて寝ているくらいなのかわからないことも……。

しかしたまに表情豊かな参加者さんが現れます！　話に相槌を打ち、終始笑顔で聞いてもらえると、その笑顔にロックオンされますよね。ずーっとその人に向かってしゃべっていますもの。

私も人間です。やはり笑顔が素敵な人に向けて伝えたいし、そういう方は記憶に残るので、セミナー後に質問されたりすると、大盤振る舞いであれやこれや教えてしまいます(笑)。

笑顔でいるだけで、得することっていーっぱいあるんです。

だからみなさんも、「笑ってツヤを出す」ことを日々忘れないでいてくださいね♡

rule 22

最短で笑顔&ツヤ美人になれるマスクの魔法

前項で笑顔についてお話ししましたが、ここで私がやっていた笑顔の作り方をお教えします！

私の場合、何もないのに笑顔になって街を歩いているのもおかしい人と思われてしまうので、マスクをして**マスクの下は口角を上げて**表情筋を鍛える練習をしていました。

マスクの下では、「ニッ！」ってスマイル顔になってるわけです。

こうすれば口元の筋肉を鍛えているのもバレないですし、マスクで隠れているので思う存分笑顔を作ることができます。

そして笑顔を作るのと同時に、私は**顔にツヤを出すようにしています**。

別に高級化粧品を使う必要はありません。

ツヤはフェイスオイルを塗って潤いのある肌にしています。オイリー肌の人はオイルは塗らなくていいので、パールが入っているファンデーションやシャドーを入れてみてください。

兎にも角にも、キラキラ光るツヤ出しです！

肌の見せ方を変えるだけでも、注目したり集まってくる人の数も質も変わります。

ツヤがある人は元気よく見えますし、お金を持ってそうに見えます。

そもそもお金はキラキラ・ピカピカであることが大好き♡　それと一緒の肌になるので、理にかなっているんですよね。

虫だって光っているところや明るいところに集まるのですから、人間ならなおのこと！

笑顔でツヤ出してキラキラ・ピカピカ輝いていれば、それだけでも人は自然と集まってきます。

多くの人は〝テクニック〟を一生懸命学ぼうとしますが、それは最後の最後で問題なしっ！

まず日常に溢れているカンタンなことを、普段使っているもので「ちょっと、やってみる」だけ！

笑顔をしっかり表に出して、ツヤっとしておくこと！

人が集まって、周りがあなたを応援したくなるような外見へ近づくことのほうがとっても大事なのです♡

rule

23

「白」と「スカート」と「触りたくなる」で愛されろ!?

次にしてほしいことは、「選ばれる女」になることです。

現代は物も人も溢れています。さらに言うと情報もネットを見れば何でも書いてあるので、昭和時代のように「これしかない!」というものがありません。

つまり、必要に差し迫ってただ一つを選ぶ、ということが少なくなりました。

こうした世の中ですので、自分という存在も埋もれやすくなります。

一生懸命アピールしていても、相手に選んでもらえない・見つけてもらえない、ということもよくあります。しかしすべての人間に選んでもらうことはとても難しいです。人それぞれ好みがあるので、老若男女、すべてに選ばれるのは、現実的ではありません。

大切なことは「誰に」選んでもらいたいか？

この相手を初めにしっかり決めてしまおう！　ということです。

実は私、この「誰に」選んでもらいたいか？　というリサーチ力を、かなり鍛えあげてきました。

それが、玉の輿にのりたいと必死で行動してきたときの経験です（笑）。

そのとき見つけ出した法則が

「白」と「スカート」と「触りたくなるファッション」


です！

オシャレを研究することほど、自分にとって勉強になるものはないです！

まずオシャレは誰のためにするのか？　というところから入りますが……、

一つ目が自分のため。

2つ目が他の人のため。

一つ目の「自分のため」は自分が好きな服を着たり、テンションがあがる服を着てワクワクすること。いわば自分の心を満たす栄養ドリンクのようなものです。

まずは自分がワクワクしないと、疲れますからね。

そして、さらに大切にしたいのは、２つ目の「他の人のため」です。

お金持ちを探していた当時、いかにお金持ちに選んでもらえるかを研究しており、まず見た目で選んでもらえるようにファッションを研究したのですが……。

ここで衝撃がっ!!

女子が好きな服と、男子が好きな服はちがーーう!!

女子に人気があっても、全く男子にはウケず!!

男子は王道を好む!!

「白!」

「スカート!」

「触りたくなるモヘア素材!」

何の変哲もないファッションが、一番好かれるのですよね。

しかし冷静に考えてみれば、そりゃそーだって話です。

もともと男性は、女性を守りたいという本能を持っています。よって、最新の流行を押さえたファッションより、「どこかか弱くて可憐で女性性を存分にアピールする」ようなファッションのほうが好まれるのは当然です。

清楚さ、エレガントさ、美しさ、女性らしさ。この実にシンプルな組み合わせは、お金持ちに好かれるための鉄板コーデなのです。

大事なのは、あなたが誰に選んでもらいたいかです。

自分にフォーカスするのもいいですが、それだけではなく、目の前の相手にフォーカスを当て、ファッションを選択することを忘れてほしくないんです。

あなたは人から選ばれるファッションをしていますか?

好きと選ばれるは別物です。

あなたは今日、誰のためにオシャレをしますか?

rule

24

色香を残す生き方をしてみよう

多くの人は外見やファッション、肌や目に見えることばかり気にしています。逆に目に見えないものを信じている人は、占いやスピリチュアルに翻弄されて生きています。どちらが良い悪いではなく、実はまだ多くの方が注目していない美しさがあるのをご存知でしょうか？

それが色香です。

〝いろか〟と読みます。漢字の通り、色と香りのことです。

辞典で調べてみると、

『女のあでやかな顔と姿。女の色気』

という意味もあるようです。

まさに私が伝えたかったのはこのことです！

いろいろな人に会い、たくさんの成功者にも出会い、研究してきました。

成功者であればあるほど、〝本物〟を極め、〝本質〟に生きる人が多いです。

そして外見、つまり目に見えるものだけに惑わされず、直感や雰囲気を大切にしている人も多いです。

その事実を知ったとき、外見ばかり取り繕っても、お金持ちに振り向いてもらえないんじゃないか？　という研究結果に至り、私が考え抜いた答えは……、**色香を残す生き方**です。

お金持ちとデートで別れたあとでも、自分の残像を香りに残し、記憶から消さない！　そして香りに色をつける！

しかし、香りは目に見えないので色をつけることはできませんが、香りで遊ぶことはできます。

＊スタイリッシュに見せたかったらシャープな香り

＊元気に見せたかったら柑橘系
＊デートのときは甘い香り

このようにシチュエーションによって香りを使い分けていき、自分らしい香りを見つけます。

ちなみに私は、不純物が入っていない香水を作ってもらっています。アロマが好きなので、ブレンドもしてもらっています♡

特にお気に入りなのが、イランイランです。ちょっと独特な匂いですが、ロマンティックな気分にさせてくれたり、女性の魅力を高めてくれる香りです。今はいつも仕事と戦っているので（笑）、女を思い出させてくれるから好きです！

人は香りを嗅ぎ分けますし、その香りを嗅ぐとイメージが膨らみます。

みなさんもこんな経験はないですか？　街で昔の彼氏が使っていた匂いが香ると、過去を思い出す的な（爆笑）。その代表的な匂いが、ＣＫ（カルバンクラインン）。鉄板中の鉄板でしょうか（笑）。

これもまさに色香のパワー。過去とその人を勝手に思い出させるのが香りの力なんです。

この「色香」を制覇できれば、あなたはさらに女らしく艶やかな存在になれるでしょう！

rule 25

スルッと逆転するには、80％の達成率と「ま、いっか」マインド

「健康はすべてではないが、健康を失ったらすべて失う」

この言葉は、私のメンターが教えてくれた言葉です。

人生を豊かにするものは健康だけではないですが、すべての土台を作っているのはやっぱり体、健康です。健康でないと美しさも作ることはできませんし、起業や副業もうまくいきません。自分が円形脱毛症になり身をもって思ったことは、健康の定義を自分なりにいくつか作ればいいんだ！　ということでした。

ということで賢く可愛いお金持ちになれて、愛される！　私なりの健康のルールが次の項目です。

【伊藤の健康8ヵ条】

＊其の一：質の良い睡眠（12時前には寝る）
＊其の二：自分の体を知る
＊其の三：自炊
＊其の四：サプリメントで補う
＊其の五：どんなに頑張っても80％の力で
＊其の六：ほどほどのストレス
＊其の七：赤ワインをたしなむ女子力
＊其の八：「ま、いっか」の精神

このうち、とくに大事にしているのが、其の五と其の八です！

其の五について：

多くの人は「完璧」を目指そうとしています。もちろん大事にしてもいいでしょう。しかしこの考えはちょっと危険だったりもします。なぜなら一つひとつ細かく丁寧に準備しすぎているので、何か変化球が飛んできたときに受け入れることができません。完璧は余力がなく柔軟性を失います。

これは女性には向きません。女性はもともと柔軟性に長け、マルチタスクが得意です。変化球が飛んできても、それに対応できる器量が備わっているので〝80％でオッケー〟のほうが、軽やかで美しく、うまくいきやすいです。

其の八について‥

人生100年時代。小さなことにクヨクヨしないで、「ま、いっか」くらいの勢いで生きたほうがいいです。

仮に今、辛いことがあったとしても80年生きるとしたら……。

365日×80年＝約3万日！

そのうち悩んでいるのが多くて2年だとしたら……。

約3万日間中の700日程度だと思ったら……。

うん、結構ちっぽけな悩みかもって思えませんか？

rule 26

たった1冊のメモ帳で、自立の準備が整う

私は32歳から34歳までの会社員時代に、起業の準備をしていました。
起業準備というと大それていますが、私がやっていたことはいたってシンプル。

メモ帳を常に携帯していた!

そして、日々感じたことや感情を書き綴っていました。今だとITが発達しているのでブログがいいと思うかもしれませんが、違います。

書く! 紙に書く!
書いて書いて書きまくるのです!!

日記と同じです。小学生のときに日記を書いたり、またはお友達と交換日記な

どを行った経験はないでしょうか(若い人はないかなぁ……)?

紙に書く効果は、感情がペンと紙に乗りうつることです。調子がいいときはスラスラ書けるし、調子が悪いときはペンが進まず……。

そしてそれを読み返してみると、そのときの感情が紙に書かれた文字の具合で思い出せるのがメリットです。

私なんて、自分のやりたいことが見つからないときに書いている文字は、殴り書き状態です。ときに文章が中断したりもしていました。

調子がいいと、ポエムなんか書いちゃって作家気分を味わってみたり。

いろんな感情を書き殴っていましたが、それでいいのです。殴るくらい書くのです!　書き殴ってもらって大丈夫です。

そうすると、ドロドロした感情も、素敵な感情も後から読み返すことができます。これが、自分と向き合うヒントにもなります。だから、ぜんぜん綺麗ごとは不要!!　思いのままにやってみてほしいと思います。

なお、私はそのときペンもこだわりました。ピンク色のペンを使ったり、ゴールド色のペンを使ったり、視覚からもテンションをあげて思ったことや感情を書いていました。

そして**メモ帳は1冊**にしてください。

* **セミナーで学んだノート**
* **日記ノート**
* **アイディアノート**

と複数分ける方がいますが、**断然1冊集約派**です。

複数に分けてしまうと、ふと何かを思いついたときに、「ノートがなーい！」「忘れたー!!」などあると書く気が失せます。そして複数ノートがあると荷物が重くなります（荷物が重い女はモテません！）。

このメモ帳は綺麗に書くことを目的にしているのではなく、後から読み返し自分の感情を感じることが重要です。

なので複数ノートを分けてしまうと、読み返すのが面倒になってしまいます。

では、なぜ日々のことをメモしてほしいのか？

それは、

自分が何に感動し、何に怒り
どんなときに喜んで、どんなときに落ち込むのか？

よく知っていてほしいのです。

そして書いたノートを何度も読み返して、自分が頑張っていることを褒めてあげてほしいのです。起業や自立は楽しいことばかりではありません。もちろん辛く悲しいこともあります。辛いことがあって逃げていく人は、辛いことに慣れていないだけです。

でもみなさん、何十年も生きていますよね？　生きていれば辛いことも悲しいことも一度や二度はあったはずです。それなのに起業となると、ちょっと辛いことがあると逃げる人が多いです。

思い出してください！

もっと辛いことはあったはずです！

そのときに活躍するのがこのメモ帳なのです。

読み返して頑張っていた自分を思い出せば、必ず乗り越えられる道筋が見えます。

本を読み終えたら、今すぐダッシュで文房具屋さんに行って、とっておきの1冊を買ってください。そして、自分の感情をノートにストックしてみてくださいね♡

rule 27

心が揺さぶられたら、その感情をアウトプットしていく

家と会社の往復で毎日がつまらない……そう思っている人は多いのではないでしょうか？　私だって起業しているとはいえ、繰り返しの毎日であることは否めません。

午前9時から打ち合わせがあれば、満員電車にも乗ります。

誰もが毎日、同じようなルーティンな生活をしているのです。そしてその生活を変えたいと思っていても、朝の9時から夜の6時まで会社に拘束されていたら、なかなか抜け出すことは難しいものです。

そういった毎日に、

「電車のルートを変えましょう」

「一駅前で降りて歩いて帰ろう！」

と、いろんな方法が本には書いてあります。確かに同じ日常から抜け出せるので楽しいのですが、これってよくよく考えてみると、一人でやって一人で体験して、一人で完結する……。

すべて一人なので、次第に飽きてくるものです。

または三日坊主になりがち。

このやり方に、もう少しスパイスを加えた方法を伝授します♡

それは、

実行したことを公表する！

公表というと記者会見かよって感じですが(笑)、言い換えればアウトプットです。

もっと簡単にいうと「シェア」です。

これ、女性はとっても得意分野！

それぞれの日常の中で

＊綺麗だな〜
＊食べ物が美味しかったな〜
＊素敵な映画を観たな〜

など、感動や共感したことがあったら、ＳＮＳにアップし公表してみてください。
もしあなたが、毎日家と会社の往復だったとしても

①いつもよりも電車を１本早く乗る
②路線を変える

――（ここまではよくある話）――

③ その中で心が動いた、または感動や発見があったものをSNSにアップしアウトプットする

この［③］を追加してほしいのです。

そして起業や副業、独立を目指す方は……、

④ ①～③を継続してやり続ける

⑤ 発信内容を工夫する

ここまでやってみてください。

次の項で、私の例を挙げます。

rule 28

私「ワクワクしています！」を発信し続けることで、人もお金も集まってくる

私は34歳で会社を辞め、晴れて自由の身だ！　と思い、毎日目覚まし時計もかけずにグータラ過ごしていました。

しかも誰にも拘束されないので、どんどん怠けた生活になっていきました。

最初の頃は、社畜から解放されたぞ！　と思い楽しかったのですが、それもだんだん飽きてきてしまい……。

そこで考えたのが、本を読むことでした。

好きなことで仕事をしたいと思っていたので、その情報収集のために本を読もうと決意したものの、最初はやる気があるのですが、だんだん飽きてくるんですよね……。

結局本は、積読《つんどく》されていく。

そこで思いついたのが、毎週土曜日に自分が読んだ本をFacebookでシェアしよう！　というものです。

＊毎週土曜
＊読んだ本をシェア（紹介）する

Facebookで公言してしまうと、なかなか途中でやめにくいものです。「いいね」を押してくれた人や、コメントをくれた人がいるのに、それを途中でやめるのって、相手にも自分にも失礼だなーと思うと、簡単にやめられなくなります。

この〝公開監視〟された状態を意図的に作れることがシェアのメリットです。

そして読んだ本の内容を投稿するので、文章力やアウトプット力が自然と身につきます。

これはゆくゆく起業や副業をしたい人には重要です。

好きなことを仕事

にしようと思ったら、その好きを魅力的に語れるようにならないと、うまくいきません。

魅力的に語るには訓練が必要です。その訓練がFacebookに感じたことをアウトプットして文字に起こすことがとても大切です。

魅力的に語れると「その本を買います！」といったようなコメントがつくようになります。こうなるとしめたもの。

あなたが良いと思ってススメたものが、世界中に広がっていくことになります。

そしていい情報を投稿し続けると、あなたのFacebookを見ている人は、

「あ、○○さんはいつも有益な情報を教えてくれる人だから、これからもチェックし続けよう！」

と、あなたのファンがつくようになるのです。

ファンというとアイドルのように熱狂的な人たちをイメージしますが、別にそこまでを求めるのではなく、まずはあなたの動向に注目してくれる方を、少しで

もいいから増やすことです。

人は「楽しい」「ためになる」「新発見」「面白い」など、心がワクワクするところに集まります。実はこういったことは日常にたくさん溢れているものの、それをアウトプットすることをしないから気がついていないのです。

ワクワク♪　に人もお金も集まってくる!!

まずは毎週何か一つでもいいので、決めたことをアップしてみませんか?

または日常の中で素敵な料理を食べたとか、素敵なお洋服が買えたとか、可愛い文房具が買えたとか。

それの何が素敵で、何に感動したのか、あなたの感想とそのお店も紹介してあげてください。

きっとお店の人も喜ぶでしょうし、何よりあなたの投稿を見て実際に行ったり買ったりした人が喜ぶと思います♡

日常に、幸せもビジネスのヒントもたくさん転がっています。
それを生かす差は、アウトプットのみです！

rule 29

行動できなければ9cmヒールを履いてみる

夢を叶えようと思ったら行動が必要です。しかし「行動しなさい」と言われても、やったことがないことだと、どうしても恐怖や不安を感じてしまうもの。前述しましたがこれはあなたが悪いのではなく、脳の仕組みがそうなっているだけです。

脳は実は怠け者。新しいことをやろうとすると、今のままのほうが楽チン～という指令を発し、行動させない指令を飛ばします。

私はこの指令に邪魔されないためにはどうしたら良いのかを考えました。

その答えは、脳に気がつかれないように〝小さなチャレンジをする！〟です。

大抵の人はいきなり現状を変えようとします。例えば、

＊明日から5時に起きるぞ！
＊今日からダイエットするから、晩御飯は食べないぞ！
＊旦那に毎晩メールして愛を取り戻すぞ！

今までやったことないことを、いきなりチャレンジするから脳はびっくりしてそのチャレンジを全力で止めようとします。ですので騙し騙しやるのがオススメです。

そしてどうせやるなら楽しくやりたいなって思い、そこでやってみたのが、

靴を変える！

これです。

靴っていっても、スニーカーでもなければ、ローファーでもなく、**ヒール**

がめっちゃ高い靴です!!

断然9cmヒールをオススメします。

私は背が低いのと、足が短いので元々ヒールしか履きません。7cmヒールが足も疲れず、移動にも影響ないのでこれがベストなんですが、「なんか毎日がうまくいかない……」とか、「ダラダラしちゃう……」というときは、思いきって9cmヒールを履くようにしています。

なぜ9cmヒールなのか?

それは足が綺麗に、そして長く見えるからです! 足が長くなると洋服もかっこよく着こなせるし、自分に自信が持てるようになります。

ちなみに私の好きな映画で『プラダを着た悪魔』『セックス・アンド・ザ・シティ』に出てくる女性もみんなピンヒールを履いて颯爽と闊歩しています。

女性って外見がちょっと変化するだけで、行動が大胆になったりしますよね(これは男性にはわからないことでしょう。女は実にシンプルな生き物なんです)。

ですから何か新しいことを始めようと思ったら、まずは行動。

足を動かさなきゃ、外にも行けません。

ということで一番簡単なのは、靴を変え、美しくなった自分にテンションをあげ、動くことなのです!!

これは脳みそくんも、私たちが大きなチャレンジをしていることに気がつかないでしょう(笑)。

だって靴を買うことも、靴を履くことも日常だから。

ただ一つ違うとすれば……


9cmヒールを私は履いて美しくなっているのだー!

私の足はいつもよりもの長いのだー!


と思うこと。

はっきり言います。

9cmヒールは疲れます。

でもショーウィンドウに映った自分がめっちゃ綺麗なんですよ！　そうするとやる気が出るんです！

こうやって綺麗な自分を見て活力にする。それを日々の行動に変えていきましょう。

だから7cmでもなく5cmでもなく、思いきって9cmヒールで外出してみてください。

ちなみに9cmヒールを日常で履くような女性になるためには、タクシーを乗り回すか、高級車で迎えに来てくれるようなお金持ち男子を探すかです。

うーん！　9cmヒールは奥が深い……。

Chapter 4

玉の輿にのれなかった崖っぷち女は、

ファンに愛されて最高の幸せを手にする!

rule 30

八方ふさがりの中から見つけた！たった一つの逆転道《ロード》

私は34歳のときに思いきって会社を辞めました。お金持ちを追いかけるのをやめ、自分で〝自立〟して生きていこうと誓ったのが32歳。約2年間、いろんなセミナーに通ったり、本を読んだり、やりたいことを探してみたりしました。好きなことで自由に生きている人にたくさん会うと、自分が会社で社畜みたいな働き方をしているんだなぁ……と思い、いてもたってもいられず、本当にやりたいことも見つけずに思いきって会社を辞めてしまいました。

会社を辞めれば自由が手に入る！

毎日家と会社の往復から解放され、
私は自由なんだ！

と辞めた瞬間はそう思いました。
今思えばわかるのですが、私は完全に自由の意味を履き違えていたのです。
会社を辞めれば〝自由〟。
好きなことをすれば〝自由〟。
でもいざ辞めてみると……、

自由じゃねーし！
むしろ、
税金や支払いに追われて不自由だしー！

退職後驚いたのが、遅れてやってくる山のような税金など！

住民税、国民健康保険、年金の支払いです！

想定外の出費に貯金がどんどん減っていくこの現実。

「生きるだけでお金がかかるって……」

働いていてもそうでなくても、生きているだけでお金がかかる、この変えがたい現実に驚いたことを今でも鮮明に覚えています。

時間的自由はあるけれど、働いていないのでお金がどんどんなくなる。そして時間がありすぎて、いったいこれをどうやって使っていいのかわからず、結局変な飲み会とかに行って、またお金と時間を使ってしまう……。

会社を辞めることが〝自由〟ではない。本当の〝自由〟は、経済的にも精神的にも時間的にも、**自分が自分の意思でコントロールできるような人間に〝自由〟が得られる**ことを私は辞めて気がついたのです。

まぁ、時すでに遅しで（涙）。気がついたときには貯金が底をつき借金が500万円まで膨れあがっていたんですよね……。

しかもバイトも掛け持ちしていたので、過労で倒れてしまい仕事もままならないに状態になりました。

さらに当時好きだった男性にもフラれ、突然目の前から消える……。

もう世の中、何が正しいのか全然わからなくなりました。このとき私の年齢は37歳。お金持ちと結婚したいと思って、あらゆることを研究し実行しまくっていた私が、

好きな人は去り、残ったものは借金と37歳という年齢のみ!!

いったい今までの努力はなんだったんだ？　と本気で世間を恨みました。

しかし、「このまま夢をなくすのは嫌だー！！！」

と心の声が叫び始めたのです。

「やっぱり私はお金持ちと結婚したいんじゃー！！！」

借金を返してまずは自分が先にお金持ちになって、対等な自分になってから探しに出かけよう！

と思い心を入れ替え、自分にできることで稼げることを本気で探しました。

そこで見つけたのが、**Facebookを仕事に活用すること**だったのです。

rule

31 自分メディアを作るのに、Facebookはとても有利！

Facebookとはソーシャルネットワーキングサービスの一つですが、無料で使えるコミュニケーションツールです。

私が会社を辞めて独立した2014年は、SNS起業という言葉が流行り始めていました。SNS起業とはSNSを広告宣伝の場とし、ここで自分の仕事を投稿することで、お客様を獲得するやり方です。

通常は雑誌やメディアにお金を払って宣伝をしますが、無料ツールであるSNSを使って自分をアピールする手法です。

お金がなかった私はこのFacebookを上手に使いこなし、ここで自分をアピールできたらうまくいくのでは？　と思いさっそくFacebookでの発信を頑張りました。

最初にしたことは、

「毎日投稿する！」これだけです。

雨の日も凪の日も、1日も休まず毎日やるのです。

なぜ「毎日」投稿しようと決めたのか？

それはFacebookを使っているユーザーはたくさんいるので、その中から自分を見つけ出してもらおうと思ったら、アピールしないことには何も始まらないからです。

ですので、毎日投稿してみようと決めました。

最初、毎日投稿するって大変……って思いましたが、コールセンターでバイトしていた私は、電話のダイヤルをプッシュするより、スマートフォンをタップしているほうが全然楽じゃないかーっ！　と思い頑張りました。

「このワンタップが借金返済だ！」

と意味のわからない掛け声をかけてみたりして、やる気を奮い立たせていました（笑）。

しかし、ただ毎日投稿をするって決めても、何を投稿して良いのかわからなかったので、最初はネタ探しをしました。

まず自分がどんな人間として見られたいのか？ それを意識して投稿を行いました。

このFacebookはあなたのメディアです。言ってみればあなたがこのメディアの局長です。ですので、まず自分がどう見られたいかを決めてください。別に難しく考えることはありません。単純に、

＊明るそうに見られたいか？
＊知的に見られたいか？
＊ミステリアスに見られたいか？

など、このくらい大雑把でいいのです。ちなみに私は「明るい人」って思われ

たかったので、暗い投稿は極力しない！　いつも友達と一緒にいて、楽しそうな写真を投稿しよう！

こんな感じでマイルールを決め、毎日投稿していました。

投稿したら、頑張った自分へのご褒美に手帳に〝金シール〟を貼って、金メダルだ！　といって自分で自分を励ましていました。

Facebookを使う上でのポイントは

①無理をしない！

②盛らない

③楽しむ！

この三点セットです！

自分メディアの構築は、1日ですぐできるものではありません。早くても1ヵ月くらいは時間がかかります。肩に力を入れてやっていると、「こんなに頑張っているのに、なぜ結果が出ないのだろうか……」と自分を責めてしまいます。

最初から時間がかかるものとリラックス&認識した上で、無理せず！　盛らず！　楽しみながら自分メディアを作ることが大切なのです。

rule 32

Facebookでファンを作るためのとっておきの方法

ひと昔前は、ファンといえば芸能人につくものと思われていましたが、今は一般の方にも〝ファン〟がいたりします。その代表的なのは、インフルエンサーです。インフルエンサーはSNS上でフォロワーが多く、彼女（彼ら）たちが何かを発信すれば、「いいね」や「コメント」がたくさんつき、商品やお店を紹介すれば、その人と同じものを買いたいと思うファンがいる人のことです。

ここまでいかないにせよ、もしあなたにファンがいれば、あなたの仲間が増えたり、ちょっとした副業もできたり可能性は大いに広がります。そしてSNSを使うことで、地方や海外の方と多く交流が持てるので、人生において出会う数も圧倒的に増えていきます。

実は好きなことで起業をしたいと思って最初につまずくのが〝集客〟（見込みとなる・売上につながるお客様を集めること）です。

会社員をしていたときは、集客をするという概念がなく、起業したてのときは、とても苦戦しました。

今でこそ、７００人以上の女性が集まるイベントを開催したり、各種イベントにも人をたくさん集めることができていますが、最初からうまくいったわけではありません。

私が考えたのは、**自分のファンを増やすことを最初に行う**ということです。

玉の輿の夢も破れ、借金だけが残っていたあの日……。

返済のためバイトを掛け持ちしたあげく、体調を壊した私は働けない日々が続いていました。

ベッドに横になりながら、ＳＮＳを開いてみると……、

「たった１ヵ月で月商１００万円までいきました！！」

「目標の売上をあっという間に達成できました！」

など、**私が求めていた稼げている女性がわんさかいた**のです。

これはいったいなんなんだ!? と思い、よくよく研究してみると、

彼女たちには熱狂的な「ファン」がいたっ！

そうなんです。彼女たちがＳＮＳに投稿しようものなら、コメントがたくさんつき、「いいね！」の数もすごい！ まるでアイドル化しているではないか……。

「なんなんだ、この世界は……」

と度肝を抜かれたのです。

つまり起業でも副業でも、**お金を稼ごうと思って最初にすることは、自分のファンづくりをしたほうがいいんだ！** ということに気がついたわけです。

どんなに商品やサービスが良くても、そもそもそれを売っている人が魅力的で

多くの人から好かれていなければ、買われないんだな！　と気がついたのです。

これは決して私たち個人の話だけではなく、企業のＣＭも同じことですよね。

たった1分程度の短い時間に、その商品の想いや価値などを発信し、ファンを作って商品を売っていく。

ファンを獲得することは、すべてのビジネスやサービスにおいて基本なのだ、と腑に落ちたのです。

集客にはいろいろテクニックがありますが、テクニックよりも大切なのは**ファン作り**です。

あなたのことが気になる人たちを作ることです。

それでは次の項から最初にできることをお教えします。

rule 33

Facebookでファンがお客様に変わる〝単純接触の法則〟

〝単純接触の法則〟というものを聞いたことはありますか？ザイアンスの法則とも呼ばれたりしますが、「繰り返し接すると、好意度や印象が高まるという効果」のことです。これはFacebook（SNS）にも応用することができます。

例を挙げてみましょう。

①　1ヵ月に1回投稿するA子さん
②　1週間に3回投稿するB子さん
③　毎日投稿するC子さん

さてこの中で、あなたはどの人に会ってみたいと思いますか？

答えは、

［③］ではないでしょうか？

理由は簡単です。

投稿頻度が多い分、相手に見られる回数が増えるため、相手が勝手に親近感と信頼感を覚えていきます。芸能人も一緒で、露出頻度が高まれば高まるほど認知度が増すので人気者になっていきます。

こんな経験ありませんか？


そんなにかっこよくない男子でも、毎日顔合わせているとだんだんかっこよく見えてくるという現象（笑）。

結局ファンというのは、初見でファン化するのではなく、何度も顔を合わせたり、何度も会話したり、この**〝何度も〟という繰り返しがファンを作る**のです。

ということは、最初は〝数〟と〝量〟をこなしていくことがとても大切です。

「相手に自分を知ってもらうこと」を最初にすることです。

ですから、投稿する回数を増やせば増やすほど、あなたのファンは確実に増えていくのです。

ぜひSNSへの投稿を毎日行ってほしいのですが、これを伝えると多くの人は、

「何を書いてよいのかわからない」

と言います。

たしかに……毎日が事件やイベントだらけのエキサイティングな日々ではないと思うので、ネタ探しが難しいのと、実はそれ以上に女性は「よく見られたい！」という思いが働くので、

「良い文章を書かなくてはいけない」

とかしこまってしまいがち。

でも、ちょっと考えてみてください。

SNSってみなさん真剣に見ていますか？

もちろん注目している人の投稿はじっくり見るでしょうが、基本的にSNSって空いた時間に見たり、暇つぶしに見たり、何気ないときに見ていますよね？

ということは、あなたが投稿した文書をじっくり読んでいるというケースは非常に少ないのです！

私がよくアドバイスすることとして……、

人は、

①見ない
②信じない
③行動しない

です。これはあなたの話ではなく、SNSを見ている方々の心理です。

もう少し具体的に解説すると、

① 見ない → あなたの投稿は見られていない
② 信じない → あなたの言ったことは信じられていない
③ 行動しない → あなたが言ったアドバイスは行動されない

このくらいに思っておいて良いのです。だって、見られてるーーーって思うと何もできなくなりますよね。

むしろ自分は誰にも気がつかれていない！

つ・ま・り、

誰もあなたの存在に、
あなたが思っているほど

気がついていないのです！

だから、過度に人目を気にする必要はありません。

この基本スタンスを確立しておくと、ＳＮＳに自分の人生を左右されなくなります。よって、このくらい気楽に思って使うのが一番良いです。

気軽に行動できる人ほど、ＳＮＳの社会では幸せになれます♡

rule 34

「共感」と「世界観」がキモ。私の生き様を世の中に見せる！

ファンこそ大切！　と気づいた私は、ファン作りをどうやっていくかを考えました。

さらに、ＳＮＳの世界の中でファンがつくにはどうしたらいいのか？

セミナーや講座で学んだり、自分でもいろいろ試しながらたどり着いた答えが、

①「共感」

②「世界観」

この2つがポイントである、ということ。

芸能人につくファンではなく、私たち一般人だからこそできる、新しいファンの作り方です。

まずは「共感」についてです。

昔のアイドルって、**アイドルという仕事を生きていた**と思います。

例えば松田聖子さん！　現役アイドルと変わらない美しさをキープされていますが、彼女のスゴさは永遠のアイドルであること。

松田聖子というブランドを生きています。

逆に現代のアイドルはこの傾向を踏襲しつつも、ＳＮＳに自ら発信し、ファンとアイドルが直接やりとりをしたり、さらに恋愛もオープン！

昔のアイドルは手が届かないブランドに生きていましたが、今のアイドルは手がすぐに届き身近なブランドに生きているため、ファンである自分がアイドル

（ブランド）を育てている感覚になります。

しかしなぜ、身近な存在ほど人気者になっていくのか？

これは私なりの分析ですが……。ＳＮＳで自分の日常をアップするのが当たり前になった昨今、それを誇張しいわゆるリア充アピールをしている人が増え、だんだん見ている人も、「これって本当?!」と疑うようになりはじめ、ちょっと浮世離れした生活や、写真などに飽き飽きしているからではないでしょうか？

またＳＮＳって、その人のすべてというより、生活や仕事の一瞬を切り取ったものを投稿するわけなので、その前後がどうなっているかは誰もわかりません。

そういったことをみんな薄々感じるようになったので、逆に **〝きちんと見える〟人を、ちょっと疑うようにもなっています**。

アイドルも一緒です。いつも笑顔でお人形さんのような可愛さで、「恋愛なんてわかりませ〜ん」と、手の届かないアイドルより、クラスメイトにいそうな普通の女の子がスターダムに駆け上る時代です。

ＳＮＳが普及した今、

「隠す」→「見せる」

がスタンダードなのです。

これを、最大に活用することが大切です。

なお、**見せるものは等身大のあなたでいい**です。**ムリして何かを見せるのではなく、何気ない「あなた自身の日常」を見せたり、発信したり**してみてください。

＊食事をした場所
＊旅行へ行ったこと
＊お買い物に行って何を買ったのか
＊観た映画

など、リアルな日常をそのまま見せてSNSに投稿してみてください。
「こんなつまらないこと誰が知りたいんだろう……」などと思わなくて大丈夫です！　私も最初思いましたが、あなたの日常がSNSを見ている誰かの価値観と一緒であれば「共感」が生まれるのです。

あなた：「京都へ旅行に行きました」という投稿
SNSで見ている人：「私も京都好きなんだよなー」

あなた：「ワンピース買いました」
SNSで見ている人：「ここのワンピース可愛い！　好みが一緒だー」

というように、好きとか気になるとか、そういったものが「共感」につながっていきます。

共感してもらわなきゃと肩肘はらず、あなたの日常を見せてみるところから始めてください。

rule 35

恥も失敗も、世のため人のためになるのです！

発信することで大切なのは、日常的なことだけでなく、「失敗談」も投稿することです。

むしろ失敗談ほど、より良い「共感」を生みます。

人間誰しも失敗はしたくないですし、かっこよく素敵な人でいたいと思うのは普通です。

しかしそれを逆手にとって、失敗も含めオープンにしていくことが一番「共感」を生んでいき、ファン作りもしやすくなります。

この世に失敗をしたことがない人なんていません。〝失敗は成功の母〟という言葉もあるくらいです。なにより世界の偉人たちは失敗から大切なものを得て、大きな成功を手に入れています。

私たちはそんな成功者たちのサクセスストーリーを読んで感動し、明日への活力を見出しているはずです。

本当に素敵な人間性が表れるのは、失敗したときです。

そこから何を得て、何を感じたのかを人は知りたいのです。そしてそれを自分と重ね合わせ元気を出していくのです。

このようにあなたの日常とあなたの失敗談をオープンにすることで、一瞬にして「共感」の渦がまき起こります。人間はギャップに萌えるもの。

ツンデレって言葉が流行ったように、普段怖い上司が、たまにすごく優しかったりとか……。

綺麗で完璧な女性だと思っていた人が、実はお茶目でドジだったりとか……。

このギャップの差が大きいと人って共感したり萌えたり、キュンキュンしたりしませんか？

「えー、私にはそんな差なんてないわー」と思っているそこのあなた！

結構自分のことってわかってないかも。自分では「まだまだ仕事で頑張らないと……」と思っていても、他人から見たあなたはキレキレのキャリアウーマンかもしれませんよ。でもそれって自分では気がつきにくいので、まずはオープンマインドでなんでも開示すると、そのギャップに注目してくれるはずです。

そして、弱みを見せない女ってマジで可愛くない！

女の私でさえも、守ってあげたいとか、助けてあげたいとか一切思わなくなってしまいます。

弱みや失敗をヘタに隠さず、助けてもらえるときは、その好意をありがたくいただいておきましょう♡

rule 36

お気に入りの「色」を決めて、私らしさを放出しよう

前項で「共感」の作り方のお話をさせてもらいました。

これはSNSを使おうが使うまいが、起業しようがそうでなかろうが、すべての人に必要だと思います。なぜなら**共感こそが現代のコミュニケーションの大原則**だからです。ある意味SNSは人と会わず、ネットだけでコミュニケーションをとって信頼関係を築き、その方たちと実際に会ってみる……。ネットだけで信頼してもらおうとするのは意外と難しいですが、これができるようになったら、リアルの人間関係も良好になりますよね！

そう考えたらITが進化した時代も悪くないな〜、と思ったりもします。

ぜひ共感力を身につけて、ネットとリアルの人間力を強化してみてください。

そして共感力が身についたら次にチャレンジしてほしいことがあります。

それは**「世界観」**です。

世界観とは何でしょうか？

よく私たちが日常で使う会話に直すとすれば……、

「あの映画は世界観があってすごくよかった」

「あの人の考え方は独特な世界観を持っているよね」

といったように、ややクリエイティブな感じで使われたりもします。

要は、自分らしさ、自分ならでは、自分にしかないオリジナリティや個性、自分としての軸を基点とした雰囲気が溢れている、といった意味合いで使われています。

では、なぜ世界観が必要なのでしょうか？

共感は言葉を発したり、文字を書いて読んでもらい、そのストーリーに共感します。

実はこれって、ちょっとハードルが高く、〝読む〟という行為は相手があなたに興味を持たない限り、手を止め時間を割いて読んではくれません。

ですのでもっと簡単に自分のファンを作り、自分を知ってもらうためには、ファンを惹きよせる「世界観」を作り出すことが大切です。

これはSNS上で、かなり重きを置かれる考え方です。

特にインスタグラムで!

インスタグラムは写真を投稿し、仲間と共有するSNSです。

「インスタ映え」という言葉が浸透しているように、インスタにアップする写真をどれだけ凝ったものにするかが社会現象となっています。

＊インスタ映えする食べ物
＊インスタ映えする旅行
＊インスタ映えするスポット

写真を通して、自分が素敵だな～と、思う感性を写真にアップしていくことが流行りました。ここで出てきたのがインスタグラマーと呼ばれる人たちです。彼女たちはこの写真（見せ方）を上手に活用し、自己表現を行っています。

別にインスタグラムに限らずＦａｃｅｂｏｏｋやブログなど、自己表現ができるＳＮＳはたくさんあります。どれでもよいのですが、ＳＮＳで自分を発信するにあたり、必ず意識してほしいのが「世界観」を出すことです。

世界観が確立されていると、そこに共感や憧れを持ったファンが集まってきます。

有名インスタグラマーの発信が注目されるのは、その人が有名だからではありません。その人が発するオリジナリティや、発信の雰囲気を独自に形作る「世界観」によって多くの人を惹きつけているのです。

では世界観を表すにはどうすればいいのでしょう？

それは、**発信に一貫性を持たせること**です。

一貫性を持たせる、といっても難しいことはありません。「言葉」や「色」など、自分らしさを表現するならこれ！　といったように、決まったものをブレずに長く使い続けていくことです。

簡単なのが「色」を決めるです。人によって、印象付けるカラーがあります。私の場合は「ピンク」です。会社のロゴもピンクですので名刺もピンク、会社のクリアファイルもピンク、資料のデザインもピンクなど、なるべくピンクを中心に物を揃えＳＮＳでも発信しています。

このくらいの簡単なレベルからで全然ＯＫです！

自分の好きな色を使い発信していってください。それをわかっていて投稿するのと、知らないで投稿するのでは、写真のパワーが違うので見ている人の心を掴むパワーが全く違います。

ただオシャレなだけ、可愛いだけ、の投稿をするのではなく、自分の軸を持つ！　という意志を持って、自分だけの世界観を世界へ発信していきましょう。

rule
37 取り柄なんて後からでいい！先に「人間力」を磨こう！

昨今、ＩＴの進歩によりＳＮＳの広がりは目覚ましいです。またＡＩと言われる人工知能の発達によって仕事のスタイルは変化し、さらには人間関係さえも時代とともに変化しています。しかし、いくらＩＴが進歩したからといって、パソコンや携帯の先にいるのは〝人〟です。

ＳＮＳの活用において忘れてはならないのが、「人相手に進めていくもの」。だからこそ、相手を思いやる〝共感力〟や〝信頼関係〟がとても必要となってきます。

特に対面で人と話すことが減っている世の中だからこそ、信頼関係をしっかりと構築することが重要となっています。

ではこの信頼関係とは具体的に何でしょうか？
私が思うに、相手を知りたいと思う考え方です。

* どんな考え方の人なのかな？
* どこに住んでいるのかな？
* 職業は何かな？
* どんな人なのかな？

など、あなたが友人や家族に対して〝知りたい〟と思うように、SNSの向こう側にいる人に対しても、同じように思うことが大切です。

SNSの世界は顔が見えない相手に情報を発信していきます。**顔が見えないからといって手を抜くのではなく、リアルに会っている方と同じような気持ちで接すると必ず伝わります**。ですのでそんな気持ちで発信してください。

逆にこういったことを蔑《ないがし》ろにして、自慢話や仕事紹介など、自分が伝えたいことばかり発信している人をSNS上ではたくさん見受けられます。

リアルな人間関係に置き換えた場合いかがでしょうか？　おそらくその方と一緒に会話をしていても面白くないんじゃないかな……と思います。

Facebookもリアルな人間関係と全く一緒です。まずは相手に興味を持ち、相手の投稿にコメントしたり「いいね」を押したり、そして自分の投稿は読んでくれる相手が信頼してくれそうなものを投稿するよう心がけること！

意外とSNSって、人間としてのコミュニケーション能力が試される場でもあると私は思っています。

同じSNSを使っているのに結果が出る人と、そうでない人の差は何かなーと研究してみると、行きつくところは結局、**人間力**なんです。

つまり、**相手を思いやる心**だと思っています。

＊相手がしてほしいことを察知すること
＊相手が大切にしていることを大切にすること
＊素直さと誠実さをもって相手に接すること

こういった思いを常に持っている人は、多少ＳＮＳの使い方がわからなくったって、起業のノウハウがわからなくったって、成功していきます。

みなさん、今一度、自分の在り方を見直してみてください。

やり方ばかりに囚われていませんか？

本当はあなたの「在り方」で人生は大きく変化していくのです。

あなたの対応があなたの今を作り出しています。

すべてはあなた次第。

そう思えるようになったら、たくさんの人があなたに「会いたい」と思ってくれるようになります。

「会いたい」を作るのはあなたの「在り方」で決まります。

rule
38

「三マメ」でリッチをどんどん引き寄せる！

ではこの「会いたい」という状態を作るにはどうしたら良いのか？　それは「豆」になってください!!　個人的には「豆」が好きです（そんな親父ギャグはいりませんよね）。

営業マンは「三マメ」を大切にしているという話を聞いたことはありませんか？

「三マメ」とは、

①手マメ…手紙を書いたりメールを送ること

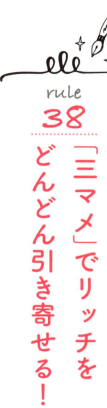

②足マメ…せっせと通い続けること

③口マメ…電話をかけたり連絡をすること

これはＳＮＳの世界でもとても参考になります。

足マメ、口マメはＳＮＳではできませんが大切なことは〝マメ〟であることです。

＊1、相手の投稿にコメントをする

＊2、相手がお誕生日であればコメントをする

＊3、お友達申請をいただいたらお礼をする

＊4、お友達申請をしたらコメントをする

＊5、いいねを押してあげる

＊6、相手の投稿をシェアする

相手がしてほしいことを、まず最初に自分がすることです。

大変そうに見えますが、営業のように足も口も使わないので、とても楽チンです。

営業はこうしたことをすべてやって、やっとお客様から、

「あなたに会いたい」

「あなたから商品を買いたい」

となるのです。

これを考えれば〝手マメ〟であることは簡単にできますね♡

rule 39

共感される人はアイ・メッセージで会話をする

ここからさらに多くのファンを作りたい方は、もう少し工夫を加えると良いでしょう。

ファンが増えると好きなことでお金を稼げるようになります。前述したように、物が売れていくには、物の価値よりもあなたに興味を持ってくれているファンを先に作ることです。

私はＳＮＳを使って自分のセミナーの案内や広告宣伝活動をし、売上をあげて会社を起こしました。

総勢３５０人以上の塾生、７００人の女性を集めるイベントの主催、３０００人以上のオンラインサロンメンバー、７０００人以上のメルマガ読者さまなどすべてをＳＮＳで集客してきました。そしてこれら全員女性です。**女性は非常に敏感でちょっとの変化も逃しません**。多分、これって「本能」だと思うのです。親が子どもの変化に気がつくように……そして彼氏の浮気に気がつくように（笑）。

ですので、言葉一つひとつを繊細に扱わなくてはなりません。

女性のファンをたくさん作りたければ、ぜひこれを実行してみてください！

それが、**言葉尻に注意する！**

つまり文章の終わりに気をつけるのです。人は言葉の終わり方がポジティブだと良い感情を抱き、その逆だとネガティブな感情になります。

例えば、

「このワンピースすごく可愛いくて好きなんだけど、丈がちょっと長いんだよな」

（ネガティブな感情で終わる）

「丈がちょっと長いんだけど、このワンピース可愛いから好き」

（ポジティブな感情で終わる）

ただ逆にしただけなのに、受け取る印象が違ってきませんか？

このように「終わり」が実は重要なんです！

（終わり良ければすべて良し！　ということわざもありますもんね）

このことを踏まえ、共感されながら多くの女性に愛される秘密の文章を伝授します！

それが、

アイ・メッセージで伝えること！

アイ・メッセージってご存知ですか？

「私（アイ）」を主語にして、メッセージを伝えることをアイ・メッセージといいます。

逆にユー・メッセージはあなたを主語にしているので、ちょっと上から目線に感じます。

例を挙げてみましょう。

＊ユー・メッセージ

あなたはその講座を受講したほうがいい。

＊アイ・メッセージ

私はあなたがその講座を受講してくれたら嬉しいです。

アイ・メッセージは自分の気持ちや感情を伝えているので、ユー・メッセージのように相手を責めることもありません。

実はこれを意識している人は非常に少ないです。

たまに「これって上から目線かもな……」って思うコメントがあります。

例えば、何かの試験に合格した！ってことをSNSに投稿したとします。

（例）

―【投稿】―

2年間勉強していた英語教員の資格を取ることができました！
これで晴れて私も英語の先生
すごく嬉しい～

―【コメント】―

例1：すごい！　愚直に頑張った結果ですね！
　これからも頑張ってください。

例2：すごい！　愚直に頑張った結果ですね！
　刺激をいただいたので私も○○さんと一緒に
　頑張ろうと思いました！

例1と例2のコメントを比較してみてください。

例1の最後の文章。「頑張ってください」という言葉。別にあなたに言われなくても頑張ってるから……って、私は思っちゃうんですよね。

でも例2は、「一緒に」が加わり、アイ・メッセージなので嫌味を感じません。

そしてもう一つポイント！

女性の心をくすぐる言葉は、**「一緒に」「みんなで」など仲間意識が強いワード**を入れることです！

例えば、

「これから**一緒に**頑張れたら嬉しいです！」

「**みんなで**成功できたら嬉しいです」

この小さな違いが、積み重なっていくと大きな差になるのです。いくつか練習をしてみましょう！

（変換前）

この商品を買ってみてください。

（変換後）
この商品を買っていただけたらとても**嬉しいです**。

（変換前）
この本を買ってください。

（変換後）
この本を**買っていただけたら私は嬉しいです**。

ちょっとした違いですが、ファンを惹きつける文章になるか、ならないかが決まるのです。

rule 40

Facebookの文章は、タイトルに【】、文は横20文字×縦4行で！

SNSの投稿について一番聞かれる質問は、「変な内容を投稿して、人からどう思われるか心配……」

この質問が圧倒的です。しかし前述したように、確実にあなたの投稿を読んでいる人は果たして何人いるでしょうか？　逆にあなたは何人の方の投稿を真剣に読んでいるでしょうか？

自分に置き換えて考えると、他人のことを気にしている人は意外と少ないです。

身近な例で言えば、昨日会った友だちの洋服やメイクなど覚えていますか？

私はほとんど覚えていません（苦笑）。

つまり残念ながらあなたが、

1週間悩もうと……

1日悩もうと……

1時間悩もうと……

相手はあなたの文章をほとんど読んでいないですし、あなたという存在すら気がついていないのです。悲しいかな誰もあなたの存在に気がついていない。

これはあなたが悪いわけではなく、多くのユーザーがいるFacebookやSNSの世界では当たり前なこと！ **渋谷のスクランブル交差点で、落としたピアスを見つけるようなものです！**

ですので文章力を細かく気にするのではなく、**目に留まる文書を〝魅せる〟**ことです。すなわち、「読みやすい」！ これに尽きます。

そしてこの読みやすいは、**文章力の読みやすさではなく、見栄えの読みやすさです。**

特にSNSは、多くの人は暇つぶしに見ているケースが多く、本のように読み込んではいません。

パッと読んで、パッと理解できる！

パッパッパーーーっ、と完結していくのがいいのです。

そうすると相手は、あなたの文書を読み込まなくても、あなたの文章が読みやすいなーと感じ、どんどんファン化していくのです。


実は相手の記憶に残る文章は、**「見えない文字」**が超重要なのです！

私がオススメしているのは、余白と改行を駆使し文章の内容より文章の見栄えを意識すること！　女性がお化粧をするように、お化粧で外見を整える〜、みたいな感じです
２１７ページに例を挙げて説明しましょう。

どちらのほうが読みやすいでしょうか。

内容はさておき、余白や改行されている文章のほうが、「見やすい、読みやすい、美しい」文章となります。

基本ルールをここでズバリお伝えしますが、

「横20文字×縦4行」

これを1つのブロックとし文章をひと固まりにして、読みやすい文を作ること

が大切です。

【余白がある文章の例】

伊藤宏美

【一粒万倍日にメルマガスタート】

さっき知ったんですが…。

12/8 は奇跡が重なっている日だそうです✨

・一粒万倍日
・天赦日
・お釈迦様の悟りの日

これがすべて重なるって奇跡で
とんでもなく縁起がいい日らしいです✨

お釈迦様の最初の悟りは、

「縁起の法則」

「より（縁）て起こる」

というものだそうです。

すべては、
縁によって導かれ
縁によって起こっていく。

縁に気づき
縁を大切にし
縁に感謝した時
生まれ変わったように
新しい人生の扉が
開かれていくそうですよ〜♫

ぜひ、なにかご縁を感じた方は
メルマガ登録してみてくださいね♥

【余白がない文章の例】

伊藤宏美

【一粒万倍日にメルマガスタート】

さっき知ったんですが…。

12/8 は奇跡が重なっている日だそうです✨
・一粒万倍日
・天赦日
・お釈迦様の悟りの日
これがすべて重なるって奇跡で
とんでもなく縁起がいい日らしいです✨
お釈迦様の最初の悟りは、
「縁起の法則」
「より（縁）て起こる」
というものだそうです。
すべては、
縁によって導かれ
縁によって起こっていく。
縁に気づき縁を大切にし
縁に感謝した時
生まれ変わったように
新しい人生の扉が
開かれていくそうですよ〜♫
ぜひ、
なにかご縁を感じた方は
メルマガ登録してみてくださいね♥

rule 41

信頼される自撮り写真は、専用アプリと4分割の構図で簡単に作れる！

SNSを見ていると、自撮りの写真を多く見かけると思います。そして、プロ並みに自撮りが上手な人もいます。

いっぽうで自撮りに抵抗があったり、苦手だったりする人も非常に多いです。そんな人の共通点は「自分に（顔・体含めて）自信がない」という理由が圧倒的だったりするのですが……。

でもこれはあなたに問題があるわけではありません。

単に効果的な自撮りの方法を知らないだけです！

かくいう私も……自分の顔には全く自信がないんです（涙）。

小さい頃、受け口（下顎が前に出ていた）だったのでしゃくれ顔で顎が長かったり、鼻が立派なのに、唇が薄くてアンバランスだったり(涙)。

ついでに言うなら眉毛も薄いので、毎朝描くのが面倒だったり(笑)。

ともかく小さい頃から顔コンプレックスは誰よりも強かったです。

しかし、現代は素晴らしいアプリやテクニックが存在し、そんな私も整形せず美しくなる方法を手に入れたので、この項目では一瞬にして可愛くなる自撮りテクニックをお伝えします。


ちなみに、なぜ自撮りをする必要性があるのか？

これをまず理解しないと、自撮りしてくださいと言われても、なかなかできませんよね。

Facebook上で自撮りをしてアップするのは、**決して自分の可愛いお顔を全国区に広げるためではなく、「信頼」を得るため**です。

ここ、間違えないでいてほしいです！

ＳＮＳの世界は、面識がない人ともコミュニケーションをとっていきます。そういった方々からＳＮＳを通じて信頼を得ていくには、自撮りをして自分の顔や表情をしっかりお見せしたほうがいいのです。

なぜ自撮りが信頼に繋がるか?!

そりゃそりゃそりゃそりゃ、**顔が見えるから**です！

「この人本当に存在しているんだ」とか、「この人がこの仕事をしている人なのね」などといった**安心感につながる**からです。

スーパーマーケットでも見かけませんか？〝顔が見える食品〟を。

食品とともに、生産者さんの顔写真も一緒に並んでいたりしますよね？

あれを見ることで、私たちは安心して野菜を買ったりしていませんか？

これだけ商品が溢れている時代。ハッキリいって物の価値はそう変わりはなくなってきています。では最終的に人が物を買う後押しとなっているのは、

信頼できるか否か。

この信頼を作るには、自分の顔を出すのが一番なのです。

ですから、Ｆａｃｅｂｏｏｋでの信頼構築の第一歩は、**自撮りをして投稿をすることが、極めて真面目でスタンダードな発信の方法**なのです。

と、ここまでで自撮りの意味がわかったということで、さっそく上手に撮れる自撮りのテクニックをお伝えしましょう。

このテクニックをマスターすれば、どんな人でもいつもの2倍は可愛い写真が撮れます！

［1］角度が重要です

斜め上から撮影すると上目線になるため、自然と目がパッチリと見えます。普通の人は、真正面から撮りがちですが、実はこれは一番やってはいけない撮り方。何の変哲もなく、動きもなく、面白くないベターっとした写真になりがちです。

斜め上から撮ることで、目や鼻筋を際立たせることができ、綺麗に撮ることができます。またレンズのほうを見れば、上に目線が上がるので、目も大きくなり、よいインパクトを与える写真を撮ることができます。

［2］光の加減が美人を作ります

写真で絶対に欠かせないのが〝光〟です。光は七難隠します！　ですので、**昼間の自然光が入るところで撮る**のがコツです。**太陽光は肌をきめ細かに見せる効果**もあります。

暗いところで撮った写真は、ブレたり、暗い印象になります。

しかし明るすぎると、**白く飛んで顔の凹凸やラインが不明瞭になるので、これも注意**！

自然さと美しさを備えた撮り方が、重要です。

［3］笑顔は自撮りの基本ですよ♡

笑顔は絶対的な安心感を与えます。キメ顔より、**あなたらしい朗らかで明るい印象を与える笑顔の写真にしましょう。**

「笑顔が引きつってしまう！」という方は、口角を意識的に「グッ」と上げてみてください。それを3秒間キープしてみる。すると顎のラインも引き締まって、カワイイ笑顔の写真が撮れます。

［4］画角に注意する

顔を中心から少しずらして撮るのがポイントです。画面を四分割にしたとした場合、被写体が、分割した枠の中に入っているとバランスが良いですよ。

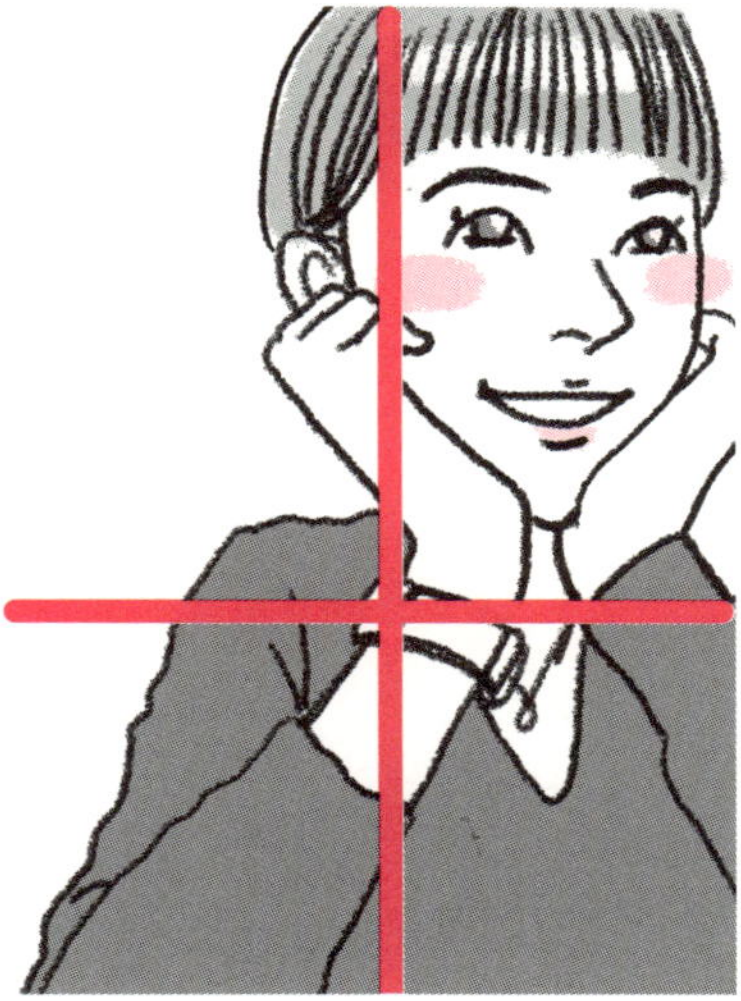

上のイラストを参考にしてみましょう。

いかがですか?

ぜひ実践してみてください♡

rule 42

「友達」を増やして、発信を一人でも多くの人に見てもらおう！

Ｆａｃｅｂｏｏｋの使い方がだんだんとおわかりいただけたかと思います。ぜひ自分メディアを構築してみてください！

今までのお話はＦａｃｅｂｏｏｋを使う上での注意点でしたが、実際にこれから発信して何か自分でお仕事をしてみたいと思ったら、まずは自分を知ってもらうことが絶対に重要です！

どんなに良いことを言っていても、
どんなに素晴らしい発信をしていても、

多くの人に見てもらえなければ、広がりません。伝わりません。

大手企業でさえも何億円という金額を投資して広告を作り、多くの方に認知してもらう活動をしています。私たち個人ならばなおさらきちんと行うことが、重要です！

ですから毎日投稿をしていただきたいのですが、そもそもそれを見てくれる人がたくさんいなかったら意味がありません。

そこで見てもらえるようにするには……どうするか？

それが「友達申請をして友達を増やす」ことです。

Ｆａｃｅｂｏｏｋは最大５０００人まで友達を作ることができます。この数を増やすことが、まず大切です。

5000人？！？！

と驚く方もいたのではないでしょうか？

『一年生になったら』という歌に「ともだち100人できるかな〜♫」の歌詞がありますが、気持ち的にはそんな感じです（笑）。

もしFacebookを使って仕事をしてみたい方は、**最低でも友達を200人作ってください。**

ここでポイントなのは、この2000人は〝本当の友達〟ではなくていい！ということとです。Facebook上だけでの友達で大丈夫です。

Facebookの素晴らしいところは、あなたと何かしら共通点がある友達をピックアップし、「知り合いかも」という感じでフィードに上がってきます。

共通の知り合いが多かったりすると上がってきます。その人を知らなくてよいので、まずはお友達申請をしてみてください。

よく言われるのが、「知り合いじゃないと怖い……」ですが、確かに知らない人とつながるのは怖いですよね。

不安に思っている方にお伝えしているのが、

「あなたがお洋服屋さんの店舗を持っていたとします。そこにふらっと入ってきたお客様がいます。それに対していちいち警戒心を持ちますか？

むしろふらって入ってきた方でも、商品を手に取ってもらえたら嬉しいですよね!?」

ということ。

実際私はそんな感覚でFacebookを使っています。

ふらっとやってきたお友達申請。それに対して、私を見つけてくれてありがとうという感謝で承認をしてみる。

Facebookを使ってビジネスを行うには、まずは友達を最低でも2000人まで増やしてください。本当の友達ではなくていいです。あなたのショップにふらっと立ち寄ったお客様だと思って、増やしてみてくださいね♡

rule

43

言ったことをやり続ける女になろう！

私が一番嫌いなのが「中途半端」です。中途半端な人ほど結局何も手に入らず、いつもと変わらない現状に戻り不平不満を口にしています。

何か一つ、「これっ！」っていうのを見つけたら、結果が出るまでやり続けてほしいのです。

「これっ！」てのが見つからないのなら、探し続けるのも大切です。しかし、探し続けることも中途半端だと、人生そのものが中途半端になってしまうと思います。

そして中途半端な人ほど、誰からも信頼を得られないのですよね。

ですので私はFacebookを見て、この人信頼できるなーって思う人は、何かを一貫してやり続けている人なのです。さらに言うと、**発信よりも行動が一貫しているのか？**　です。

身の回りにこんな人はいませんか？

＊口はいっちょ前なのに、まったく行動が伴っていない人。

＊Facebookではめっちゃいい文章を書いて、人を諭すような気づきを得る投稿をしているのにもかかわらず、自分はまったく実行していない人。

いい文章なんてネットを見ればたくさん書いてありますから（苦笑）。

こんなニセモノ人物がSNSにはたくさん横行しています。

そのニセモノに騙されないために、まず最初に見るべきところは、**一貫しているか？**　です。

気になる人がFacebookにいたら、その人が何を一貫してやり続けているのかを見ます。別に難しいことではなく、私が見ているポイントは、

しっかりとFacebookなどのSNS投稿を「継続」しているか？

これです。

気が向いたら投稿をしているのではなく、毎日投稿するなら毎日！　週2回なら2回投稿されているか？　その頻度を見ています。

例えば、1週間に1回、水曜日にFacebookを投稿する！

と**決めたのなら必ずそれをやり続ける**ことです。

「1週間に1回だから火曜日でもいっかな……」

この甘えは命取りです！　読んでくれている方は、水曜日を楽しみにしているかもしれません。

ちゃんと水曜日に欠かさず投稿していたら、受け手はあなたを〝水曜日のオンナ〟と勝手に認識してくれます。そうすると水曜日にあなたのことを楽しみに待っているファンになっているのです。

決めたことを、やり続ける。
これが、
本当に幸せになる掟です。

信頼を集めたり、ファンの人を獲得し続けたり、そして誰からも好かれ、愛され、自立して稼ぐ女性は他人の目を気にする前に、**自分が決めた約束を果たし続けています！**

rule 44

愛される秘訣は、素直さと嫌われない覚悟でスルッとうまくいく

女性も自立しよう！　稼ごう！　そして好きなことで仕事をしよう！　という風潮が強まっています。私も起業塾を主宰していますので、それは肌で感じています。

では一体何で稼ごうか？　という悩みを多くの生徒さんからいただきます。

お金を稼ぐことは、お客様が何か悩みを持っていることに対して、それを解決できるサービスを提供するから物が売れるので、何かサービスを作らなくてはなりません。

これを見つけるには意外と時間がかかります。もともとやりたいことが明確に決まっている人は、そんなに多くはいません。

私も含め、大抵の方が学校を卒業したら会社員になり、家と会社の往復をしています。そこから自分の〝好き〟を見つける人は稀です。

しかし昨今、ＳＮＳが普及し働き方が多様化し、さらにＹｏｕＴｕｂｅｒやインスタグラマーなど、一般人が芸能人のように活躍するのも普通になっています。

そういった人たちを見ていると、「私にもできるかも!!」と思うようになります。

これ自体は良いことですが、お金を稼ぐとなると何度も言うように「何かを提供する」のが絶対です。

インスタグラマーだって、ＹｏｕＴｕｂｅｒだって笑いとか面白いこととか、〝エンターテイメント〟を売りにしているのです。そんでもってこのエンタメも意外と難しい……。

「おいおい、じゃー私はいったい何をすればいいのだー」って感じですが(笑)。

そういう人は、最強の準備をしてください。

最強とは……、

愛される準備です！

愛されるとは彼氏とか旦那とかではなく（あ、それでもいいです）、多くの人に愛される準備です。

誤解をおそれず申しあげますが、**嫌われる勇気を捨てて、嫌われない覚悟**を持つことが人生を豊かにすると思います。共創と調和を大切にしているからです。

「嫌われない覚悟」とは、素直さと人間関係を大切にして、円滑なコミュニケーションをとりましょうというものです。八方美人になれと言っているわけでもなく、ＹＥＳマンになれと言っているわけでもなく、自分の意見をちゃんと持つことは絶対大事です。

現代は商品が良いか以上に「誰から買うか？」このほうが今は特に大切な考え方です。

ということは、人から嫌われてしまっては稼ぐことができないのです！

ですので、今すぐビジネスが思いつかない人は、**嫌われない人間関係の法則**を学んでください。

私が思う嫌われない人間関係の作り方は〝三方よし〟にすることだと思っています。

例えばあなたが会社員だった場合、

①**部下（年下）との関係**
神輿のように、下から担ぎ上げてもらえる存在であること。

②**同僚（同年代）との関係**
手と手を取り合って、輪を作る存在であること（引っ張り合うのではない）。

③**上司（年上）との関係**
UFOキャッチャーのように、数ある中から引き上げてもらえる存在であること。

これを意識すると、どの年代からも愛されて可愛いがられます。可愛いがられるということは、嫌われないいし、望むチャンスも巡ってきやすいのです。

私はこのチャンスが巡ることをすごく大切にしています。しかもこのチャンスは他人が無言で持ってきます。無言ですよ、無言。「チャンスだよーーー！」なんていって、人はチャンスを持ってきてはくれませんから(笑)。

なのでチャンスをいただくためには、嫌われない勇気を持って愛される覚悟を手に入れましょうね♡

おわりに

最後までお読みいただきありがとうございました。

実はこの本を書くにあたって、玉の輿を追いかけていた時代の日記を元に書きあげました。

トライ&エラーしたこと、努力をしたけど報われない虚しさ。いろんなことを1冊のノートに書きなぐっていたのです。

まさかその日記が、こうやって本になるとは夢にも思っていませんでした。本当に人生とはわからないものです。しかしわからない人生をより楽しく導いてくれるのが「出会い」だと思っています。

編集スタッフの渡邉理香さん、カバーデザインの土屋和泉さん、すばる舎編集長の上江洲安成さん。DTPのスタッフの皆様、本当にありがとうございます。

そして日々影で支えてくれたスタッフにも心から感謝しています。
本書が何か「出会い」や「きっかけ」の一つになったら本当に嬉しいです。

＃崖女の大逆転
本書をお読みくださったあなたへ

感謝の気持ちを込めて プレミアム特典をプレゼント

プレミアム特典内容

Present 1 ＃崖女の大逆転　出版講演セミナーにご招待

全国で開催している出版講演セミナーにご招待させていただきます。セミナーでは書籍に書ききれなかったことなどお届けする予定です（詳細は下記 URL からご確認ください）。

Present 2 お金持ちを追いかけたあの場所を動画で紹介！

お金持ちに出会いたくて、いろいろな場所に出かけた場所を動画で公開。

Present 3 年収 1000 万円が狙える オリジナル大逆転ノートをダウンロード

本書に書かれているワークをオリジナルの大逆転ノートに書いて年収1000万円を加速させよう！

無料プレミアム特典はこちら →

https://smartbe8.com/book1/index.html

※特典の配布は予告なく終了することがございます。あらかじめご了承ください。
※多くの方が参加される場合、出版講演セミナーのご参加を抽選にさせていただくことがあります。また、セミナー会場までの交通費は読者の方のご負担になります。
※プレゼントの２と３は web 上での配布となります。
※この特典企画は、伊藤宏美が実施するものです。
※お問い合わせは「info@smartbe8.com」のメールまでお願いいたします。

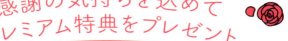

伊藤《いとう》 宏美《ひろみ》

合同会社 Smart Be 代表
1980 年神奈川県出身。

学生時代から女優を夢見て活動するも、まったく売れず普通のＯＬになる。家と会社の往復で退屈な人生から一発逆転を狙い、お金持ちと結婚して「玉の輿」にのろうと婚活をスタート。

しかし男性や会社に依存して生きるよりも、自分で稼ぎ自立したほうが幸せだと気がつき「Facebook」を使った独自のマーケティング・メソッドを開発し起業を決意。

その結果、イベントに 700 人、年間 1000 人以上の集客に成功し、安定的に年収 1000 万円を突破。自ら確立した集客ノウハウを知りたいという申込が殺到する。

現在は「賢女の集客アカデミー」を主宰し、受講生一人ひとりにあった起業・集客メソッドを構築。わずか 20 日間で 30 ～ 100 万円以上の売上実績を出すなど、クライアントの業績アップにも貢献。

さらにはＮＨＫ「ニュース シブ５時」や日本テレビ「スッキリ」、楽天クリムゾンＦＭなどメディアにも出演し活動は多岐にわたる。

ＳＮＳを賢く使った集客メソッドで、起業や副業を目指すすべての女性に「自分らしさを大切にして経済的豊かさを手にしてもらいたい」という使命感をもつ起業・集客コンサルタントとして注目を浴び続ける。

公式 HP　http://smartbe8.com/
Facebook　https://www.facebook.com/hiromi.ito.888

玉の輿にのれなかった崖っぷち女が
年収 1000 万円になった 黄金の大逆転ルール

2019 年 9 月26日　第 1 刷発行
2019 年10月 7 日　第 2 刷発行

著　者　伊藤宏美
発行者　徳留慶太郎
発行所　株式会社すばる舎
〒170-0013
東京都豊島区東池袋3-9-7 東池袋織本ビル
TEL　03-3981-8651（代表）
03-3981-0767（営業部）
振替　00140-7-116563
http://www.subarusya.jp/

Subarusya

印刷　中央精版印刷株式会社

ISBN 978-4-7991-0851-2